SUSANNE LIEBER
DIETER BRAUN

ZU HAUSE BEI DEN WILDEN TIEREN

KNESEBECK

ZU HAUSE BEI DEN WILDEN TIEREN

Angefangen hat alles mit dem Hüttengärtner, einem Vogel aus Südostasien. Als ich zum ersten Mal gesehen habe, was für ein prachtvolles Nest sich dieser kleine Kerl im Dschungel baut, war ich wirklich verblüfft. So viel Kreativität hätte ich von einem Vogel nicht erwartet. Er ist nicht nur Architekt und Innenarchitekt, sondern obendrein auch noch ein begnadeter Dekorateur. Mit großer Hingabe verschönert er seinen Bau und sortiert dafür Schmuckobjekte nach Farbe und Form. Und so war es der Hüttengärtner, der mich plötzlich neugierig machte – neugierig auf die Frage: Wie bauen und wohnen eigentlich Tiere?

Wir Menschen sind nicht die Einzigen, die ihren Lebensraum aktiv gestalten. Auch Tiere tun dies. Nehmen wir zum Beispiel die Blattschneiderameisen. Sie bauen gigantische unterirdische Städte und legen dort sogar Gärten an. Ist das nicht unglaublich? Und das Verrückte dabei ist: Die Winzlinge brauchen dafür weder einen Plan noch einen Architekten. Instinktiv weiß jede Ameise, was sie zu tun hat, damit das Bauprojekt gelingt. Ganz anders ist es beim Orang-Utan. Bevor er es schafft, sich ein stabiles Schlafnest in die Baumwipfel zu bauen, vergehen gleich mehrere Jahre. Er muss sein Handwerk erst mühsam erlernen – denn was für uns Menschen gilt, gilt auch für ihn: Übung macht den Meister!

So unterschiedlich die Tiere sind, so unterschiedlich wohnen und bauen sie auch. Davon handelt dieses Buch. Neugierig wird hier den Fragen nachgegangen: Warum bauen Tiere auf eine bestimmte Weise und wie tun sie es? Was genau steckt dahinter? Welche Materialien verwenden sie? Und bauen sie allein, zu zweit oder sogar in großen Gruppen?

Es gibt viel zu entdecken in der wunderbaren Wohnwelt wilder Tiere. Lasst sie uns hier gemeinsam erkunden!

INHALT

Die Blattschneiderameise – unterirdische Großstadt 6
Der Schwarzspecht – Traumwohnung sucht Nachmieter 10
Die Grundel und der Knallkrebs – WG-Leben am Meeresgrund 14
Der Hüttengärtner – kreativer Alleskönner 18
Der Biber – Ingenieur mit Biss 22
Der Landeinsiedlerkrebs – Strandparty mit Haustausch 26
Der Nacktmull – Palast einer Königin 30
Der Orang-Utan – die Kunst, sich zu betten 34
Der Kugelfisch – Kunst unter Wasser 38
Der Siedelweber – Wohnen in der Gemeinschaft 42
Das Eichhörnchen – flinker Wohnungswechsel 46
Die Schornsteinwespe – Lehmbau mit Knick 50
Die Zwergmaus – Leichtigkeit in Rund 54
Die Seidenspinne – ein verblüffendes Material 58
Die Weißnestsalangane – essbare Vogelnester 62
Der Braunbär – gemütliches Winterquartier 66
Das Perlboot – Tiny House mit Düsenantrieb 70
Der Eichelspecht – Depot für Leckerbissen 74
Die Kompasstermite – wegweisender Plattenbau 78
Der Adéliepinguin – kostbarer Rohstoff 82
Das Thermometerhuhn – Nestwärme im Sandbett 86
Weltkarte 90
Glossar 92

UNTERIRDISCHE GROßSTADT

Südamerikanische Blattschneiderameisen bilden einen Superorganismus*, der schon vor vielen Millionen Jahren erfunden hat, was die Menschheit erst seit Kurzem betreibt: Indoor Farming – das Anbauen von Nahrung in Innenräumen.

150 Mio.

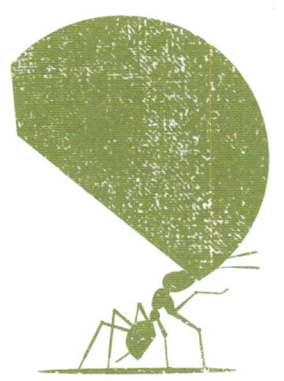
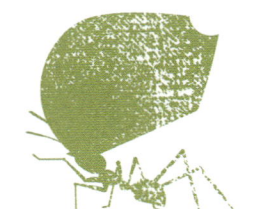

Bis zu 150 Millionen Eier legt eine Ameisenkönigin im Laufe ihres Lebens.

Es wimmelt und wuselt überall im Nest von Blattschneiderameisen. Bis zu fünf Millionen Insekten sind dort hektisch zugange. Doch was sich als kleine Erhebung am tropischen Waldboden abzeichnet, ist nur der oberirdische Teil eines gigantischen Baus. Im Jahr 2010 haben Forscher in Brasilien erstmals ans Licht gebracht, was normalerweise im Verborgenen liegt: ein Nest der *Atta laevigata*, einer der rund vierzig Blattschneiderameisenarten, die es weltweit gibt. Um das verlassene Nest mit seinen Hunderten Kammern und Gängen zu untersuchen, wurde es zunächst mit Zement* ausgegossen. Danach wurde die Erde drum herum entfernt und der weitverzweigte Bau wie ein Skelett freigelegt. Zum Vorschein kam ein Bauwerk von gigantischen Ausmaßen: Auf einer Fläche von fünfzig Quadratmetern erreichte die unterirdische Stadt bis zu acht Metern Tiefe. Rund vierzig Tonnen Erde mussten die Winzlinge dafür bewegen, was etwa dem Gewicht von sieben Afrikanischen Elefanten entspricht!

Beeindruckend ist aber nicht nur die Größe eines solchen Ameisennests. Es ist auch verblüffend, wie so ein Bau entsteht: Jedes Tier übernimmt eine bestimmte Aufgabe, damit alles reibungslos funktioniert – Gänge graben, Brutkammern anlegen, Erde abtransportieren, und, und, und. Da stellt sich nur die Frage: Wer macht eigentlich die Planung für so eine riesige Stadt? Und wer hat auf der Baustelle das Kommando? Niemand, erklären die Ameisenforscher (auch Myrmekologen genannt). Das große Ganze entsteht durch instinktive Zusammenarbeit der einzelnen Arbeitsgruppen. Einen Architekten oder Bauplan braucht es dabei nicht.

Im Bau herrscht vermeintlich Chaos, das allerdings klaren Regeln folgt: Im Sekundentakt schleppen Trägerinnen große Blattstücke zum Nest, die vorher andere Ameisen aus den Baumkronen bissen. Im Dauerlauf geht es zwischen Baum und Bau hin und her, das Blattstück immer hoch über den Kopf gestemmt. So bildet sich am Waldboden eine Kolonne, die bis zu hundert Meter lang sein kann. Kleine Leibwächterinnen reiten mit auf den Blättern, um die Trägerinnen vor den Luftangriffen feindlicher Insekten zu schützen.

Irgendwann verschwinden die Ameisen samt Grünzeug im Untergrund. Dort geht es durch das weitverzweigte Tunnelsystem tief und tiefer – mal links, mal rechts, mal geradeaus. Und dann ist das Ziel erreicht: die unterirdischen Gärten, in denen ein spezieller Pilz (*Leucoagaricus gongylophorus*) angebaut wird. Von ihm ernährt sich die gesamte Kolonie. Die Ameisen fressen nämlich nicht die Blätter, wie man meinen könnte, sie fressen nur diesen Pilz. Und ihn müssen sie mit den zerkleinerten Blättern füttern, damit er überhaupt wächst. Der Pilz braucht also die Ameisen, um nicht zu verhungern – und genauso ist es auch umgekehrt. Eine Symbiose*, die sich seit Jahrmillionen bewährt.

Die Pilzgärten befinden sich in fußballgroßen Kammern, von denen es gleich mehrere Hundert gibt. Damit der Pilz dort gut gedeiht, wird er von den Ameisen gehegt und gepflegt. Und was in den Gärten nichts verloren hat, wird abtransportiert und in Abfallkammern entsorgt. Die riesigen Gebilde (ein dreijähriges Kind könnte darin hocken!) werden an den Rand des Nestes gebaut. Über oberirdische Schlote kann dort das Kohlendioxid* entweichen, das bei der Zersetzung des Abfalls, aber auch durch die Atmung der Ameisen und Pilze entsteht.

Zwischen dem Pilzgemenge in den Gärten wächst der Ameisennachwuchs heran. Schön warm und feucht hat er es hier. Irgendwo mittendrin sitzt auch die Königin. Ihr Job ist der härteste im ganzen Matriarchat*: Bis zu 150 Millionen Eier legt sie im Laufe ihres Lebens. Das macht mehrere Tausend Eier pro Tag! Eine gewaltige Aufgabe, zu der das Männchen übrigens nur ein einziges Mal beiträgt – und zwar beim kurzen Paarungsflug. Danach stirbt es und ist für die Kolonie nicht mehr von Bedeutung. Denn ist die Samenbank der neuen Königin einmal gefüllt, zehrt sie davon ihr ganzes Leben – bis zu zwanzig Jahre lang. Kurz nach dem Paarungsakt verliert die Königin ihre Flügel und vergräbt sich im Boden. Ganz allein. Nur eines hat sie dabei im Gepäck: ein Stückchen des kostbaren Pilzes. Und schafft sie es, ihn im Untergrund erfolgreich zu vermehren, gründet sie damit eine neue Kolonie. Das ist dann der Startschuss für ein neues Großbauprojekt.

TRAUMWOHNUNG SUCHT NACHMIETER

Die Baumhöhlen des Schwarzspechts sind heiß begehrt. Sobald eine Höhle frei wird, stehen etliche Waldbewohner Schlange, um sich dort einzunisten.

50 Rund fünfzig verschiedene Tierarten nutzen Schwarzspechthöhlen als Nachmieter.

Der Schwarzspecht *(Dryocopus martius)* ist der größte Specht Europas und bringt es auf eine Flügelspannweite von bis zu siebzig Zentimetern. Entsprechend geräumig baut er sich sein Refugium* aus. Die Höhle, die der Specht mit seinem kräftigen Schnabel in etwa vier Wochen aus dem Baumstamm hackt, ist rund sechzig Zentimeter tief. Und das macht das Domizil* auch für andere Waldtiere sehr attraktiv – ob als Versteck, Nistplatz, Schlafplatz oder als Winterquartier. Zu den über fünfzig potenziellen Nachmietern zählen zum Beispiel Baummarder, Dohlen, Eichhörnchen, Eulen, Fledermäuse, Haselmäuse, Hohltauben, Hornissen, Siebenschläfer, Stare und seltene Insekten wie der Juchtenkäfer. Es gibt allerdings auch Tierarten, die nicht so geduldig warten wollen, bis der Schwarzspecht endlich ausgezogen ist. Dazu zählt der Raufußkauz, der den Eigenheimbesitzer manchmal sogar dazu drängt, seinen Bau vorzeitig zu verlassen.

Der »Zimmermann des Waldes« trägt durch den Bau seiner großen Höhlen ganz entscheidend zur Biodiversität* im Wald bei. Bis zu zehn Höhlen entstehen pro Spechtrevier, das durchschnittlich mehrere Hundert Hektar groß ist. Neben der Bruthöhle, in der die Eltern ihre Jungen gemeinsam großziehen, haben Männchen (roter Scheitel) und Weibchen (roter Fleck auf dem Hinterkopf) jeweils eine eigene Schlafhöhle. Als Höhlenbaum werden über hundert Jahre alte Buchen mit einem Stammdurchmesser von mindestens vierzig Zentimetern bevorzugt, die bestenfalls allein stehen und dadurch dem Specht eine freie Anflugmöglichkeit bieten. Die Höhleneingänge befinden sich meist in einer Höhe von etwa fünf bis zehn Metern. Die glatte Rinde und ein hoher, astfreier Stamm erschweren es dabei Feinden, wie zum Beispiel dem Baummarder, dort hochzuklettern.

Es ist übrigens kein Zufall, dass die Buchen, die der Specht als Höhlenbaum auswählt, äußerlich zwar gesund erscheinen, aber im Inneren häufig faulig sind. Denn das erleichtert die Bautätigkeit des Spechts erheblich. Wie dieser allerdings herausfindet, welche Bäume ein faules Innenleben haben, ist noch nicht ganz geklärt. Man geht davon aus, dass der Specht es durch sein Hämmern akustisch erkennt. Um sich die Bearbeitung der äußeren und noch harten Schicht des Stammes zu vereinfachen, wird anfangs nur ein kleines Loch in den Stamm gehackt, um auch dort einen Fäuleprozess einzuleiten. Das kann allerdings mehrere Jahre dauern. Irgendwann wird das Baumaterial ebenfalls weich und der Specht kann sein Werk vollenden. So entstehen während eines Spechtlebens – er wird bis zu zehn Jahre alt – mehrere Höhlen mit teilweise sehr langer Vorbereitungszeit.

Erkennen lässt sich eine Schwarzspechthöhle übrigens an der Form des Eingangs. Während andere Spechtarten runde Löcher hacken, ist der Eingang des Schwarzspechts oval und mit dreizehn Zentimetern Höhe auch deutlich größer. Damit es nicht reinregnet, entwickelte der Zimmermann hier ein raffiniertes Detail: Die untere Kante des Eingangslochs ist abgeschrägt, sodass Regenwasser nach außen hin abgeleitet wird. Wen wundert es da noch, dass in eine solche Traumwohnung der halbe Wald einziehen will?

WG*-LEBEN AM MEERESGRUND

Sie sind ein ungleiches Paar und wohnen trotzdem zusammen: die Grundel und der Knallkrebs.

200+ dB

Die Schüsse von Knallkrebsen können eine Lautstärke von über 200 Dezibel erreichen. Damit zählen sie zu den lautesten Tieren der Welt.

Zack ... weg sind sie. Mit einer schnellen Rückwärtsbewegung in ihre Höhle haben sich Grundel und Knallkrebs in Sicherheit gebracht. Wenn es darum geht, Fressfeinden zu entkommen, sind die beiden ein unschlagbares Team. Und zwar deshalb, weil sie sich perfekt ergänzen. Was der eine nicht kann, kann der andere umso besser. Kurzum, sie leben im Pazifik in perfekter Symbiose*: Der Knallkrebs ist zwar fast blind, aber dafür hat er kräftige Scheren, um im Sandboden eine Höhle zu graben. Die Grundel hingegen hat zwei »linke« Flossen, aber dafür wachsame Augen, mit denen sie rechtzeitig Feinde erkennt.

Auch wenn das Ambiente* eines tropischen Korallenriffs paradiesisch erscheint, das Leben dort ist für Grundeln und Knallkrebse sehr gefährlich. Viele Arten leben deshalb in einer Gemeinschaft zusammen, was ihre Überlebenschancen deutlich erhöht. Dazu gehören auch zwei besonders farbenfrohe Exemplare, die sogenannte Randalls Partnergrundel (*Amblyeleotris randalli*) und der Randalls Knallkrebs (*Alpheus randalli*). Den Tag verbringen die beiden gemeinsam mit Nahrungssuche vor ihrem Bau. Der Krebs sitzt dabei direkt am Eingang, frisst Algen oder wartet, bis ein leckerer Happen des Weges kommt. Auch die Grundel lauert auf Beute, nur wenige Zentimeter von ihrem Kumpel entfernt. Sie hat ständig Tuchfühlung mit dem Knallkrebs, der sie unentwegt mit seinen Antennen (Fühler am Kopf) berührt. Denn naht ein Feind, kann die Grundel ihm sofort signalisieren: Es droht Gefahr, zurück in den Bau! Und zack, sind sie weg.

Der gemeinsame Rückzugsort besteht aus einem Tunnelsystem, das bis zu einem Meter lang sein kann. Dazu gehören auch Schlafkammern, wobei natürlich jeder Bewohner seine eigene hat. Paaren sich die Tiere irgendwann mit Artgenossen, wird das Refugium* entsprechend ausgebaut. Die Grundelweibchen legen auch ihre Eier in eine der Kammern, wo das Männchen darauf aufpasst, bis die Brut irgendwann schlüpft. Währenddessen steht das Weibchen dem Krebs wieder beschützend zur Seite und schaut, ob vor der Höhle alles in Ordnung ist.

In Sachen Eigenheim ist der Knallkrebs ständig am Werkeln. Er gräbt um, baut an ... und macht und tut. Der umtriebige Geselle legt auch pausenlos neue Ein- und Ausgänge an. Nachts werden sie aber gut verschlossen, damit kein Einbrecher eindringen kann. Den sandigen Aushub* transportiert der Knallkrebs auf seinen Scheren wie ein Bagger umher. Für sein Bauprojekt sucht er sich dabei gern ein Plätzchen unter einem Stein in 25 bis 50 Metern Tiefe – und zwar dort, wo das Korallenriff in Sandfläche übergeht. Ist der Sand dort zu fein und droht der Bau deshalb einzustürzen, werden aus statischen Gründen auch Kieselsteine verbaut.

Was jetzt allerdings noch interessant wäre zu wissen: Wie findet man überhaupt einen Mitbewohner im großen weiten Meer? In diesem Fall macht sich meistens die Grundel aktiv auf die Suche, wobei sie sich an den abgefeuerten Schüssen des Knallkrebses orientiert. Seine Schusswaffe ist seine Schere, mit der er durch ruckartiges Zuschnappen einen Wasserstrahl erzeugt. Mit diesem Wasserstrahl kommuniziert und kämpft der Krebs mit Artgenossen, betäubt seine Beute und verteidigt sich gegen Feinde. Das Spannende dabei ist, dass der Wasserstrahl so schnell ist, dass dadurch eine sogenannte Kavitationsblase (eine Dampfblase im Wasser) entsteht. Und erst wenn diese Blase implodiert*, entsteht auch der enorm laute Knall, der eine Lautstärke von über 200 Dezibel erreichen kann. Zum Vergleich: Ein Düsenjet ist gerade mal 120 Dezibel* laut. Somit gilt der Knallkrebs, das ist schon erstaunlich, als eines der lautesten Tiere der Welt!

Hat die Grundel endlich einen Knallkrebs gefunden und die Sympathie beruht auf Gegenseitigkeit, gibt es eigentlich nur noch eines zu klären: Ist beim Knallkrebs noch ein Zimmer frei? Wenn ja, kann es auch schon direkt losgehen – das wilde WG-Leben am Meeresgrund.

KREATIVER ALLESKÖNNER

Der Hüttengärtner selbst ist unscheinbar, doch sein Domizil* ist dafür umso prächtiger. Der kleine Vogel zählt zu den kreativsten Köpfen, die es im Tierreich gibt.

Blau

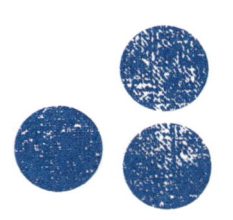

In seinem Vorgarten sammelt der Hüttengärtner mit Vorliebe blaue Schmuckobjekte. Diese kommen bei Weibchen wohl besonders gut an.

Was ist denn das? Haben hier Kinder eine kleine Hütte gebaut? Mitten im Dschungel von Neuguinea* ist am Boden ein runder Bau auszumachen, der aussieht wie ein halb offenes Zelt. Davor sind verschiedene Beeren und Blüten zu kleinen Häufchen getürmt, schön ordentlich nach Form und Farbe sortiert. Doch von Menschenhand wurde die Hütte nicht gestaltet, hier war ein amselgroßer Vogel am Werk: ein Hüttengärtner *(Amblyornis inornata)*, der zur Familie der Laubenvögel zählt. Er ist Architekt, Innenarchitekt und Dekorateur zugleich – ein durch und durch talentierter Gestalter.

Unermüdlich verschönert der Hüttengärtner seinen Prachtbau, mit dem er die Damenwelt auf sich aufmerksam machen will. Hat der braungrüne Vogel erst einmal im Dickicht des Dschungels einen passenden Bauplatz gefunden, kann ihn nichts mehr bremsen. Sofort wird auf dem Grundstück alles weggeräumt, was stört. Dann macht sich der Architekt an den Rohbau. Bis etwa 1,20 Meter hoch kann die Konstruktion aus Zweigen sein, doch Einsturzgefahr besteht keine: Ein junges Bäumchen in der Mitte dient als Stütze.

Richtig in Schwung kommt der braungrüne Vogel als Innenarchitekt, also wenn es um den Innenausbau seines Eigenheims geht. Die Mittelstütze und der Boden werden mit besonders schönem Moos bedeckt, für das der Hüttengärtner auch weite Flüge in Kauf nimmt. Manchmal werden sogar mehrere Kilogramm von dem weichen Grünzeug gesammelt. Und dieser Aufwand lohnt sich, denn erst das Moos macht die Hütte so richtig gemütlich.

Beim Dekorieren läuft der arbeitswütige Kerl endgültig zur Hochform auf, denn dabei kann er seine Kreativität am besten zur Schau stellen. Der ordentlich aufgeräumte Platz vor seiner Hütte wird nämlich zum Ausstellungsort bunter Objekte. Gesammelt wird alles, was ihm persönlich gefällt und Mutter Natur so hergibt: Beeren, Blüten, Pilze, Federn, Schneckenhäuser … Manchmal kommt auch »Exotisches« hinzu, also Dinge, die es normalerweise in der Natur nicht gibt: Getränkedosen, Textilien oder Gegenstände aus Plastik. Sogar Bankkarten und Bleistiftspitzer wurden schon als Ausstellungsstücke verwendet. Interessant dabei ist, dass Hüttengärtner scheinbar eine besondere Vorliebe für blaue Objekte haben. Ob das daran liegt, dass die Farbe im Dschungel eher selten ist?

Eine Anhäufung von Schmuckobjekten kann jeweils aus mehreren Hundert Einzelteilen bestehen. Und diese werden allzu gern von der Konkurrenz geklaut. Gelegentlich kommt es aber auch vor, dass Objekte selbst Reißaus nehmen – Käfer beispielsweise, die der Vogel als lebende Dekoration nutzen will, weil ihre Panzer so schön schimmern. Was dem anspruchsvollen Gestalter bei näherer Betrachtung doch nicht passt, wird ausgetauscht oder entfernt. Immer und immer wieder. Zwischendurch fliegt der Vogelmann auf einen Ast, um sein Werk mit Abstand zu betrachten. Ablenken lässt er sich nur dann von der Arbeit, wenn eine Dame Interesse zeigt – an seinem Bau und somit an ihm. Dann lässt er alles liegen und stehen und widmet sich voll und ganz dem Weibchen. Voller Stolz präsentiert der Bauherr sein prächtiges Werk und zeigt, was er sonst noch alles so draufhat. Der Hüttengärtner hat nämlich noch eine weitere ungewöhnliche Begabung: Er kann täuschend echt die Stimmen fremder Vögel imitieren, darunter die des Palmkakadus.

Konnte das Männchen von seinen Fähigkeiten überzeugen, paart sich die Dame mit ihm. Danach fliegt das Weibchen auf Nimmerwiedersehen davon und baut sich in einem Baum ein eigenes kleines Nest – für sich und ihren Nachwuchs. Und das Männchen? Das widmet sich wieder voll und ganz seiner Kreativität, um das nächste Weibchen zu erobern.

INGENIEUR* MIT BISS

Egal, ob es um Burgen, Höhlen oder Wasserstraßen geht – der Biber beherrscht alle Disziplinen der Baukunst. Vor allem aber ist er eines: ein begnadeter Landschaftsarchitekt.

20 °C

Im Biberbau herrscht immer eine angenehme Temperatur von rund 20 Grad – egal, wie heiß oder kalt es draußen ist.

Rummms! Da liegt sie, die stolze Pappel. Eben hat sie noch majestätisch in der Landschaft gestanden, und jetzt ist sie einfach zu Boden gestürzt – bezwungen von einem Biber, in einer einzigen Nacht. Haben sich die Schneidezähne des Nagers erst mal in einem Baumstamm festgebissen, raspeln sie sich erbarmungslos durchs Holz. Am liebsten durch Pappeln, Weiden und Erlen, also Bäume, die in Ufernähe stehen. Seine eindrucksvollen Holzfällerqualitäten verdankt der Biber dabei seinen vier rostroten Schneidezähnen, die besondere Eigenschaften haben: Zum einen wachsen sie ein Leben lang nach, zum anderen schärfen sie sich durchs Nagen von selbst. Vor allem aber sind sie unglaublich hart. Das liegt am Eisenoxid* im Zahnschmelz, das auch für die ungewöhnliche Farbe sorgt.

Der Europäische Biber (Castor fiber) ist das größte Nagetier in Europa und wird insgesamt etwa 1,20 Meter lang. Typisch für ihn sind nicht nur der flache Schwanz (auch »Kelle« genannt) und sein extrem dichtes Fell, sondern vor allem seine Leidenschaft für Bäume. Und das hat gleich zwei Gründe: Zum einen ernährt sich der Veganer* gern von Rinde und Baumknospen, zum anderen beschafft er sich damit Baumaterial. Und davon benötigt er reichlich, schließlich sind seine Bauprojekte immer in großem Maßstab angelegt. Er baut Wohnburgen, Dämme, Höhlen, Kanäle und krempelt dadurch ganze Landschaften um. In einem Biberrevier gibt es also immer viel zu tun. Um sich vom nächtlichen Baustress zu erholen, ziehen sich Herr und Frau Biber dann tagsüber in ihr Refugium* zurück. Allerdings können sie dieses nur tauchend erreichen, da der Eingang immer unter Wasser liegt – eine Sicherheitsmaßnahme, damit Feinde nicht in ihr Zuhause eindringen können. Und noch einen Vorteil hat das Ganze: Wo kein offener Eingang ist, zieht es auch nicht hinein. Überhaupt herrscht im Bau ein angenehmes Klima, selbst wenn die Außentemperatur auf Minusgrade sinkt. Im Inneren des Biberbaus herrschen meistens wohlig-warme zwanzig Grad.

Den Biberbau gib es in drei verschiedenen Ausführungen, je nachdem, was das Gelände hergibt: Bietet es ein hohes Ufer, legt der Nager einen »Erdbau« an. Dabei wird in die Uferböschung unter Wasser eine Röhre gegraben, die schräg hinauf zum sogenannten Wohnkessel führt. Die trockene Höhlenkammer ist Schlaf- und Tummelplatz für die ganze Familie, die aus den Eltern und zwei Generationen Nachwuchs besteht. Wurde der Wohnkessel zu dicht unter die Erdoberfläche gegraben und ist deshalb womöglich schon eingestürzt, bilden aufgehäufte Äste und Zweige einen oberirdischen Schutz, den man auch »Uferburg« nennt.

Wenn die Uferböschung für einen Bau zu niedrig ist, wird eine sogenannte Burg direkt ins Wasser gebaut. Dazu verankert der Biber zunächst Äste und Zweige im Boden und schichtet sie so lange aufeinander, bis ein kuppelartiger Bau aus dem Wasser ragt. Der Eingangstunnel und der Wohnkessel werden dann einfach herausgebissen und zwar ebenfalls von unten her. Der Wohnkessel liegt auch hier oberhalb des Wasserspiegels, damit die Biberfamilie immer schön trocken bleibt.

Fällt der Wasserpegel ab und der Eingang liegt plötzlich frei, sodass Feinde eindringen könnten, wird es gefährlich für den Nager. Dann ist sein Können als Dammkonstrukteur gefragt und er muss wieder ausreichend Wasser anstauen. Die Grundkonstruktion des Damms besteht dabei aus Stämmen und größeren Ästen, die der Biber über extra angelegte Wasserkanäle transportiert. Immer wieder wird der Damm abgedichtet, unter anderem mit Wasserpflanzen und Schlamm.

Wenn hingegen ein Hochwasser die Biberburg zu überschwemmen droht, werden Schleusen geöffnet und das Wasser umgelenkt. Ein Eingriff, der die Landschaft immer wieder verändert und einzigartige Biotope* schafft. So ist schon aus manch kleinem Bächlein eine abwechslungsreiche Auenlandschaft* entstanden. Damit trägt der Biber wesentlich zur Artenvielfalt bei. Aber nicht nur das: Es ist sogar wissenschaftlich erwiesen, dass Biberdämme ausgezeichnete Wasserfilter sind, die zum Beispiel Phosphate* deutlich reduzieren, wodurch die Wasserqualität verbessert wird. Der Biber ist – das darf man wohl sagen – ein wirklich verblüffendes Allroundgenie*.

STRANDPARTY MIT HAUSTAUSCH

Wenn es Landeinsiedlerkrebsen zu eng wird in ihrem Schneckengehäuse, dann suchen sie sich einfach ein größeres. Dazu tauschen sie ihre Bleibe mit der eines Artgenossen. Ganz nach dem Motto: Drei, zwei, eins … meins!

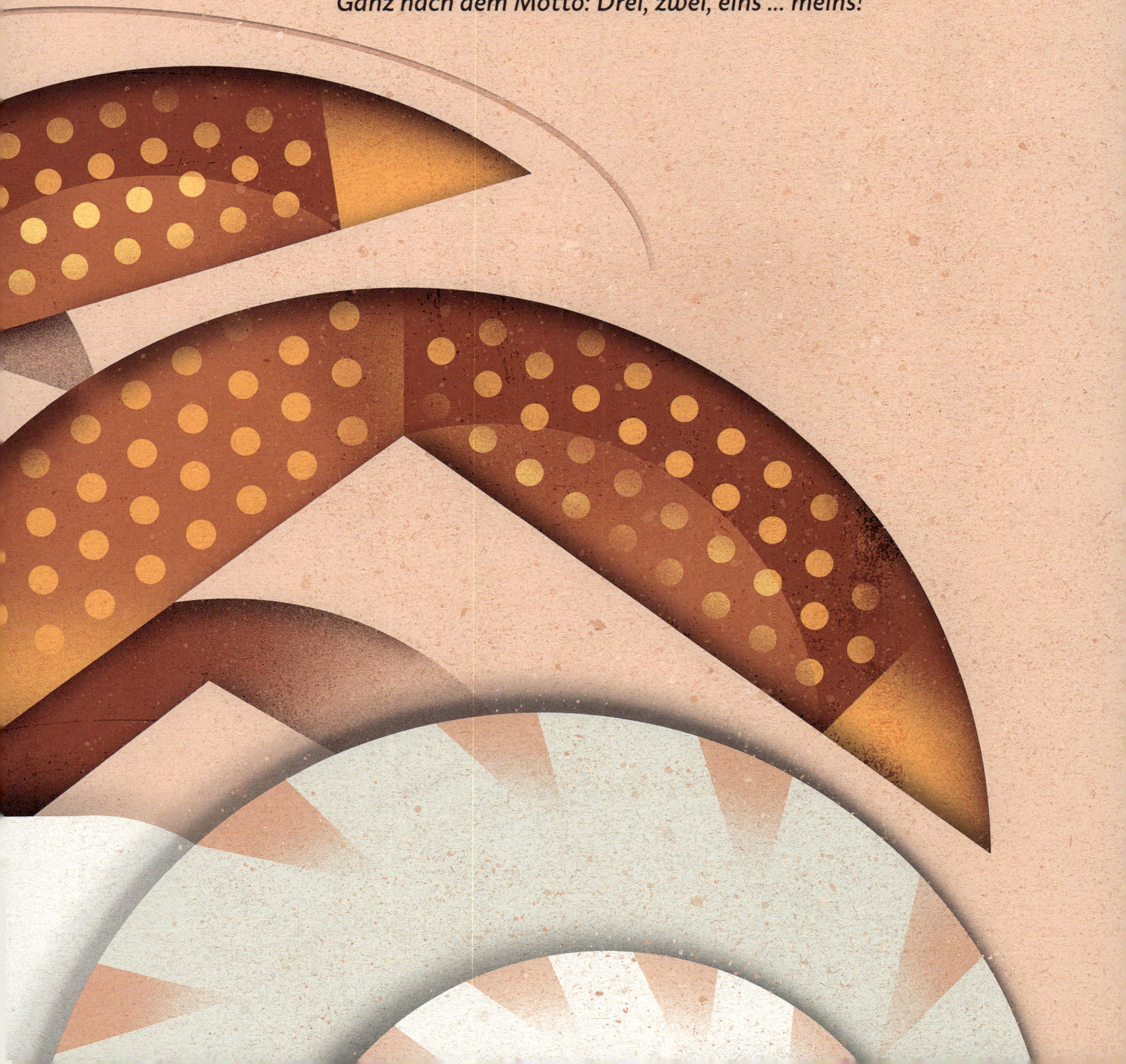

1/3

Bis zu einem Drittel des ursprünglichen Gewichts kann ein Schneckengehäuse leichter werden, wenn es ein Landeinsiedlerkrebs innen bearbeitet hat.

Landeinsiedlerkrebs müsste man sein. Dann könnte man die nächste Wohnungssuche mit einer Party an einem tropischen Strand verbinden. Und der Umzug? Der ginge ratzfatz! Wird es nämlich den Tieren – sie gehören zur Familie der *Coenobitidae* – zu eng in ihren vier Wänden, treffen sie sich einfach zum Haustausch. Im Gegensatz zu anderen Krebstieren wie Krabben oder Hummer haben Landeinsiedlerkrebse einen Chitinpanzer*, der nur den Kopf und die Scheren bedeckt. Sie ziehen deshalb in ein leeres Schneckenhaus, um auch ihren empfindlichen weichen Hinterleib vor Verletzungen und vor der Sonne zu schützen. Droht ihnen Gefahr, verkriechen sie sich komplett darin.

Wenn also ein Krebs ein größeres Zuhause sucht, weil er aus dem alten herausgewachsen ist, geht er an den Strand. Mit etwas Glück findet er dort ein Schneckenhaus, das angespült wurde. Hat der Landeinsiedlerkrebs tatsächlich eines entdeckt, wird das Objekt erst mal gründlich geprüft. Stimmt die Größe? Ist etwas kaputt? Und ist wirklich keiner mehr drin? Wenn es nichts zu beanstanden gibt, löst das eine lustige Kettenreaktion aus: Artgenossen, die das Umzugsvorhaben des Kollegen beobachten und gerne in dessen altes Haus einziehen würden, eilen herbei – und die Party beginnt! Denn haben sich erst mal einige umzugswillige Krebse zusammengefunden, werden dadurch noch mehr Tiere angelockt. Die Chance, ein neues Zuhause zu ergattern, lässt sich schließlich keiner entgehen.

Um die Tauschbörse zu starten, stellen sich die Krebse der Größe nach hintereinander auf. Verlässt der Vorderste in der Reihe sein Heim, geht plötzlich alles ganz schnell.

Die anderen ziehen nach und schnappen sich jeweils das nächstgrößere Haus. Dabei geht es allerdings nicht immer gesittet zu. Manch einer versucht, den Auszug des Vordermanns unsanft zu beschleunigen ... und zerrt diesen schon vorzeitig heraus.

Allerdings geben die Krebse ihre Häuser nicht sofort auf, sobald es etwas enger wird. Schließlich ist die Ressource Wohnraum kostbar, und es liegen an den Stränden nicht überall passende Schneckengehäuse herum. Auch Haustausch-Partys gibt es nicht alle Tage. Deshalb bauen viele Krebse zunächst einmal um – oder genauer gesagt: Sie bauen aus. Sie vergrößern ihren Wohnraum, indem sie von innen Material wegnehmen. Sogar Stützwände in den Gehäusen werden entfernt. So können Männchen noch etwas Körpermasse zulegen, und die Weibchen haben mehr Platz für Eier. Das Beste ist aber: Mit weniger Material wird Gewicht eingespart. Und das ist eine tolle Sache, wenn man sein Haus ständig mit sich herumschleppen muss.

Doch es ist Vorsicht geboten bei der Optimierung des Heims! Wenn die Schale dünner wird und dadurch weniger stabil ist, haben Fressfeinde leichtes Spiel, das Gehäuse zu knacken. Nasen- oder Waschbären sind beispielsweise besonders gut darin. Bei wissenschaftlichen Untersuchungen konnte nachgewiesen werden, dass »nicht bearbeitete Häuser« deutlich stabiler waren als »bearbeitete Häuser«. Entsprechende Beweise lieferten Zertrümmerungstests im Labor. Es gilt also für die Krebse, genau abzuwägen, wie weit sie die Statik* ausreizen wollen, um Platz zu gewinnen. Denn was nutzt ein größeres Zuhause, wenn man am Ende gefressen wird?

PALAST EINER KÖNIGIN

Klassische Schönheiten sind sie nicht, aber für die Wissenschaft äußerst interessant: Nacktmulle. Die ostafrikanischen Nager haben erstaunliche Eigenschaften – und werden in ihrem unterirdischen Reich von einer echten Königin regiert.

29

So viele Junge kann eine Nacktmullkönigin auf einmal gebären. Unter den Säugetieren ist das fast rekordverdächtig.

Kein Krönchen, kein Glitzer, kein Glamour*. Eine Nacktmullkönigin wirkt nicht gerade majestätisch. Und mit ihrem auffälligen Gebiss und ihrer runzligen Haut entspricht sie auch keinem gängigen Schönheitsideal. Dafür hat sie eine bemerkenswerte Fähigkeit: Sie kann bis zu 29 Junge pro Wurf gebären. Für ein Säugetier ist das extrem viel. Überhaupt sind Nacktmulle (Heterocephalus glaber) ungewöhnlich: Sie zählen neben den Damara-Graumullen zu den einzigen beiden Säugetierarten, die einen Staat bilden – mit Arbeitern, Soldaten und einer Königin. Normalerweise kennt man solche komplexen Sozialstrukturen von Insekten wie Ameisen und Bienen. Eine Nacktmullkolonie besteht dabei aus bis zu 300 Tieren, bei denen ausschließlich die Matriarchin* für Nachwuchs sorgt. Die alltäglichen Aufgaben werden unter den Untertanen verteilt: Junge Nacktmulle sind als Arbeiter tätig und kümmern sich zunächst um ihre kleinen Geschwister. Später gehen sie auch auf Nahrungssuche, widmen sich Bautätigkeiten und halten den Palast in Schuss. Ältere und größere Nacktmulle arbeiten vor allem als Soldaten. Sie schützen die Kolonie vor fremden Artgenossen, aber auch vor ihren Fressfeinden, den Schlangen.

Die nackten Nager kommen nur selten an die Erdoberfläche. Sie sind perfekt an das Leben im Untergrund angepasst – und können lustigerweise genauso schnell rückwärts wie vorwärts durch die Tunnel rennen. Besonders speziell sind ihre langen Zähne, vor allem die unteren, die flexibel befestigt und deshalb beweglich sind. Damit können sie sich hervorragend durchs Erdreich graben. Nach und nach erweitern sie so ihr Terrain*. Der Tunnelbau ist dabei Teamarbeit in Kolonne: Der vorderste Nacktmull gräbt sich langsam voran und scharrt die lose Erde nach hinten zum Kollegen, der sie ebenfalls nach hinten weitergibt. Irgendwann schießt dann die Erde wie Magma eines Vulkans an die Oberfläche, wo sie als kleiner Haufen liegen bleibt.

Das weit verzweigte Höhlensystem kann aus kilometerlangen Gängen bestehen, je nachdem, wie weit die unterirdischen Futterquellen (Wurzeln und Knollen) entfernt sind. Von den Gängen zweigen verschiedene Kammern ab, deren Nutzung von Zeit zu Zeit variiert. Manche Kammern dienen zur Lagerung von Nahrungsvorräten, andere als Latrinen*. In den Schlafkammern zieht die Königin ihre Jungen groß. Dort treffen sich aber auch alle anderen Tiere, um gemeinsam zu kuscheln und sich gegenseitig zu wärmen. Im Vergleich zu anderen Säugetieren haben Nacktmulle eine ziemlich niedrige Körpertemperatur. Nur 32 Grad, das spart Energie. Deshalb werden die Kammern und Gänge auch in verschiedenen Tiefen (bis zu zwei Meter) angelegt, damit unterschiedliche Klimazonen entstehen. Damit können die Nager ihre Temperatur gut regulieren.

Doch was macht nun den Nacktmull für die Wissenschaft so interessant? Das sind gleich mehrere seiner Eigenschaften: Zum einen kommt er relativ lange mit wenig Sauerstoff aus. Bis zu 17 Minuten sogar ohne! Das spielt vor allem dann eine wichtige Rolle, wenn in einer Kammer viele Tiere übereinandergestapelt schlafen und die Luft dadurch dünn wird. Bei Menschen genügt schon ein Sauerstoffmangel von zwei bis drei Minuten und das Gehirn wird dauerhaft geschädigt.

Doch damit nicht genug der »Superkräfte« des Nacktmulls. Das blass-faltige Wesen kann außerdem bis zu 37 Jahre alt werden, was im Vergleich zu anderen Nagern unglaublich viel ist. Und das Beste daran: Selbst in hohem Alter sind Nacktmulle meistens gesund und erkranken zum Beispiel nur selten an Krebs. Davon können wir Menschen nur träumen. Wen wundert es da noch, dass Mediziner und Biologen seit Jahren versuchen, das Geheimnis dieser Wundertiere zu lüften?

DIE KUNST, SICH ZU BETTEN

Orang-Utans machen es sich nachts richtig gemütlich. Ihr Nest, das sie sich meist jeden Abend neu in die Baumwipfel bauen, ist mit allem Pipapo ausgestattet.

8 Min.

Nur acht Minuten dauert es, bis sich ein geübter Orang-Utan ein Schlafnest gebaut hat.

Fünf Uhr morgens auf der Insel Sumatra, Südostasien: Noch ist es dunkel, wenn die ersten Rufe der Gibbons durch den Dschungel schallen. Während es die quirligen Äffchen kaum abwarten können, den Tag zu beginnen, gehen es die Orang-Utans ganz gemächlich an. Erst wenn das Morgenlicht die Nacht verdrängt hat, verlassen die Einzelgänger ihr bequemes Nest und widmen sich ihrem Tagesprogramm: Nahrung suchen und fressen. Fressen, fressen, fressen. Vor allem süße Früchte wie Feigen, aber auch Blätter, Insekten und gelegentlich kleine Wirbeltiere.

Die Menschenaffen mit rotem, zotteligem Fell sind perfekt an das Leben in den Baumkronen angepasst. Sie sind die größten Säugetiere, die (fast) ausschließlich auf Bäumen leben. Die Weibchen bringen rund fünfzig Kilogramm auf die Waage, die Männchen sind sogar bis zu hundert Kilogramm schwer. So flink und wendig wie die Gibbons sind sie deshalb nicht unterwegs. Statt mit tänzerischer Leichtigkeit von Baum zu Baum zu springen, hangeln sie sich eher gelassen durchs Blätterdach. Um hinüber zum nächsten Urwaldriesen zu gelangen, schwingen sie auf einem Ast hin und her, bis sie einen anderen Ast in die Finger kriegen. Der Waldboden unter ihnen? Ist ein absolutes Tabu! Aus gutem Grund, denn unten im Dickicht lauert eine Gefahr im Streifenkostüm: der Sumatra-Tiger. Er ist der einzige Feind, vor dem sich die Affen hüten müssen. Von uns Menschen einmal abgesehen. Ursprünglich waren Orang-Utans in ganz Südostasien heimisch, heute leben sie nur noch auf Borneo* sowie auf Sumatra*, wo zwei der drei Arten zuhause sind: *Pongo abelii* und *Pongo tapanuliensis*.

Wenn die Abenddämmerung über dem Regenwald hereinbricht, beginnt es, in den Wipfeln laut zu krachen. Krrrtz, krack, grrrck ... Ein untrügliches Zeichen dafür, dass die Schlafenszeit beginnt. Zumindest gilt das für den Orang-Utan (indonesisch für »Waldmensch«). Mit geschickten Handgriffen knickt der Menschenaffe zunächst kräftige Äste um. Dabei achtet er darauf, dass diese nicht völlig auseinanderbrechen, sondern durch die Holzfasern noch miteinander verbunden sind. Die Äste bringt er dann so zusammen, dass mittig eine stabile Grundkonstruktion fürs Nachtlager entsteht. Häufig sind Astgabeln der Ausgangspunkt für die Nester. Manchmal werden diese aber auch einfach ins dichte Blätterdach zwischen mehreren Bäumen gebaut. Dünnere Äste und junge Triebe werden dann zum Grundgerüst herangezogen und so eingeflochten, dass darin eine weiche Matratze entsteht. Bei den Affen geht es nämlich genauso bequem zu wie bei uns Menschen. Selbst auf Kopfkissen aus Blättern wird in den Wipfeln nicht verzichtet. Und auch Decken aus Zweigen bestimmter Bäume gehören zur Ausstattung dazu. Wobei vermutet wird, dass die Blätter nicht nur vor Kälte und Regen schützen, sondern sogar erfolgreich Moskitos abwehren. Wissenschaftlich erwiesen ist das bislang jedoch nicht. Das Forschen ist schließlich schwierig, so hoch in den Bäumen.

Eines jedoch ist klar: Der Bau der Schlafnester, die sich meist auf einer Höhe zwischen 15 und 25 Metern befinden, ist äußerst komplex und folgt keinem Instinkt. Mindestens fünf Jahre dauert es, bis ein junger Orang-Utan das handwerkliche Geschick von seiner Mutter gelernt hat. Dann weiß er auch, welche Äste für das Bett taugen und welche dafür biegsam genug sind. Schon im Babyalter von sechs Monaten beginnt der Nachwuchs, täglich zu üben. Zunächst mit sehr kleinen Zweigen und vor allem sehr wenig Geduld. Kindliches Gezeter gehört daher zum täglichen Abendritual dazu. Im Alter von etwa fünf Jahren schlafen die Jungtiere erstmals im eigenen Nest, aber noch nah bei der Mutter. Etwa drei Jahre später nabeln sie sich dann endgültig ab. Ausgewachsene Tiere – sie können bis zu fünfzig Jahre alt werden – bauen ihr Schlafnest dann in einem Affentempo: Acht Minuten (!) und fertig ist der Bau.

KUNST UNTER WASSER

Lange wurde gerätselt, wer im Pazifik die prächtigen Kunstwerke am Meeresboden kreiert – flüchtige Schönheiten, die mit der Strömung schnell wieder verschwinden. Der geheimnisvolle Schöpfer? Ein kleiner japanischer Kugelfisch.

25 %

Um so viel Prozent ist die Strömungsgeschwindigkeit* des Wassers in der Mitte geringer als außerhalb der kreisförmigen Struktur.

Es ist eine Sisyphusarbeit*, Sandkörner im Meer zu dekorativen Mustern anzuhäufen. Die geringste Wasserbewegung genügt, und schon ist es mit der Genauigkeit vorbei. Umso mehr Respekt verdient dieser kleine Fisch, der sich seinem Bauwerk so engagiert widmet. Doch warum tut er das überhaupt? Die Antwort ist einfach: Er will ein Weibchen beeindrucken. Erstmals wurden die runden Sandstrukturen am Meeresboden 1995 vor der japanischen Insel Amami-Ōshima entdeckt – von Tauchern in dreißig Metern Tiefe. Jahrelang war es ein Rätsel, wer verantwortlich ist für die geometrischen Muster, die an Mandalas* erinnern. Im Jahr 2011 wurde der Täter dann endlich auf frischer Tat ertappt: Es war ein unscheinbares Fischlein mit künstlerischem Talent! Die Entdeckung war eine Sensation. Doch das war nicht die einzige. Mit dem gestaltungsfreudigen Meeresbewohner wurde gleichzeitig eine neue Fischart entdeckt: *Torquigener albomaculosus*.

Zwischen sieben und neun Tage ist ein Männchen mit seinem Kunstwerk beschäftig, bis es endlich fertig ist. Dann ist sein runder Liebestempel, in dessen Mitte er sich später paart, rund zwei Meter im Durchmesser groß. Der Kugelfisch selbst ist nur etwa zehn Zentimeter lang. Der Bau erfolgt in drei Phasen: In der ersten Phase wird eine kreisförmige Grundform angelegt, wobei schon hier voller Körpereinsatz gefragt ist. Mit seinen unteren Flossen und dem Schwanz bearbeitet der Fisch den sandigen Boden. Dann schwimmt er immer wieder von der Außenseite des Kreises strahlenförmig auf die Mitte zu. Dabei zieht er Furchen und türmt durch geschmeidige Bewegungen links und rechts kleine Sandhügel auf. Nach und nach entsteht so ein dreidimensionales Muster, das aus einem höheren Außenring sowie einem mittleren Ring und einer abgeflachten Mitte besteht. Um die Fläche im Zentrum zu ebnen, schwimmt der Fisch kreuz und quer über den Boden und setzt auch hier gekonnt seine Flossen ein.

In der zweiten Bauphase geht es um den Feinschliff. Also darum, das Muster noch deutlicher herauszuarbeiten. Gleichzeitig wird der flache Bereich im Zentrum vergrößert. Wobei eines auffällt: Wie von Zauberhand scheinen sich in der Mitte des Kreises besonders kleine Sandkörner anzusammeln. Doch mit Magie hat das nichts zu tun. In Wirklichkeit hat natürlich der Kugelfisch seine Flossen im Spiel. Denn wirbelt er Sand auf, werden die kleinsten Körnchen durch die ausgeklügelte Geometrie* des Baus zur Mitte gespült und bilden dort einen feinen Teppich. An dieser Stelle wird später die »Fischhochzeit« stattfinden und das Weibchen legt hier seine Eier ab. Die spezielle Kreisstruktur hat außerdem Einfluss darauf, dass die Sandkörner in der Mitte nicht wieder so schnell weggespült werden – was in einem wissenschaftlichen Experiment nachgewiesen wurde. Dabei zeigte sich, dass die Strömungsgeschwindigkeit* des Wassers in der Mitte um fast 25 Prozent geringer ist als außerhalb des kreisförmigen Baus.

In der dritten und letzten Bauphase folgt das Dekorieren: In der Mitte wird der Boden mit einem unregelmäßigen Muster versehen. Und auf die strahlenförmigen Sandhügel werden manchmal Muscheln und Korallenteile gesetzt. Dann kann der Kugelfisch nur noch hoffen, dass er mit seinem Kunstwerk das Interesse eines Weibchens weckt. Fühlt sich eine Fischdame angesprochen, schwimmt sie in die Mitte und paart sich mit ihm. Sechs Tage lang kümmert sich das Kugelfischmännchen dann allein um die Eier und schlüpft von der Rolle des kreativen Gestalters in die des fürsorglichen Vaters. Währenddessen verliert sein Bauwerk an Kontur* und verblasst mit jeder Wellenbewegung. Bis es am Ende verschwunden ist.

Seinen Namen verdankt der Kugelfisch übrigens der Tatsache, dass er sich bei Gefahr aufpumpen kann. Allerdings wird dieses Exemplar dabei nicht so kugelrund wie einige andere Kugelfischarten, sondern wird nur um den Bauch herum dick. Ein »aufgeblasener Typ« (so nennt man umgangssprachlich einen Angeber) ist er dennoch nicht – dafür aber ein charmanter Künstler, der Sisyphusarbeit liebt.

WOHNEN IN DER GEMEINSCHAFT

Die südafrikanischen Siedelweber lieben das Zusammenleben in Kolonien. Gemeinsam bauen sie riesige Nester. Diese zählen zu den größten in der Vogelwelt – und wiegen manchmal so viel wie ein Auto.

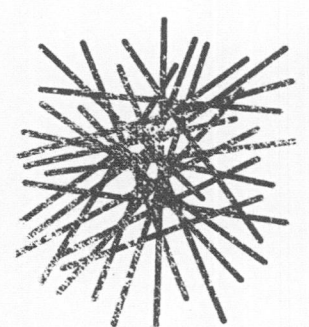

1000 kg

So viel wie ein Auto kann das Nest einer Siedelweberkolonie wiegen.

So ein Kameldornbaum in Namibia hat's ganz schön schwer. Haben sich in seiner Baumkrone erst einmal Siedelweber *(Philetairus socius)* eingenistet, hat er ein enormes Gewicht zu tragen. Die Nester der braunen und recht unscheinbaren Vögel haben eine Länge von bis zu vier Metern. Da kommt also eine Menge Nistmaterial zusammen. Einige der Bauten sollen es angeblich auf tausend Kilogramm bringen, was locker dem Gewicht eines Kleinwagens entspricht. Auch wenn Größe und Form der Nester stark variieren, ist das Konstruktionsprinzip immer gleich: Die Basis bildet zunächst ein kräftiger Ast, am besten von einem Kameldornbaum, der in der Savannenlandschaft der Kalahari wächst. Er ist sehr stabil und hält besonders viel aus. Das muss er auch, schließlich hängt an ihm manchmal die Wohnsiedlung einer ganzen Vogelkolonie.

Von einem dicken Ast aus wird das Nest nach unten gebaut. Das heißt, hier wird mit dem Dach angefangen. Es ist aus Stöckchen und Reisig gebaut und dient als Schutz gegen Regen und Sonne. Die Unterseite der Wohnsiedlung besteht aus feinerem Material, genauer gesagt, aus trockenem Gras. In Kombination mit langen und kräftigen Halmen, die die Vögel von unten senkrecht in die Grasmatte stecken, entstehen viele kleine Apartments*. Sie liegen dicht nebeneinander, quasi Tür an Tür, doch miteinander verbunden sind sie nicht. Eines muss nämlich deutlich gesagt sein: Bei diesem Wohnkonzept handelt es sich nicht um eine WG*! Jedes Vogelpaar hat hier sein eigenes Reich, und zwar mit separatem Zugang. Die einzelnen Apartments bestehen jeweils aus einer runden Kammer, wo die Vogeleltern wohnen und den Nachwuchs aufziehen. Im Durchmesser ist diese Wohn- und Brutkammer etwa zehn Zentimeter groß. Zugänglich ist der private Rückzugsort nur von unten über eine senkrechte Röhre. Der Eingang dieser Röhre ist dabei mit pieksigen Halmen gesäumt, um unliebsame Gäste und Fressfeinde abzuwehren. Auch im Inneren des Nests schützt ein raffiniertes Detail vor Gefahr: Eine kleine Absturzsicherung aus Gras verhindert, dass die Küken aus der Nestmulde kullern und direkt durch die senkrechte Eingangsröhre auf den Savannenboden plumpsen. Unfälle gibt es in der Kolonie trotzdem ab und zu. So kommt es schon mal vor, dass durch den Wind und das Gewicht größere Teile des Nests einfach abfallen. Manchmal bricht sogar ein ganzer Baum zusammen, wenn das Gewicht am Ende doch zu schwer geworden ist.

Die Wohnanlage der Siedelweber ist eine Dauerbaustelle. Ständig verändert sich die Architektur. Ist ein Apartment* sanierungsbedürftig geworden, wird von den Bewohnern ein neues gebaut. So wird das Nest der Kolonie immerzu erweitert und bildet irgendwann eine riesige organische Struktur. Wobei permanent etwas am Bau geflickt werden muss, da der Wind das feine Gras immer wieder davonbläst. Wer also gerade nicht brütet, widmet sich zum Wohle aller der Bautätigkeit. Und dieser Einsatz lohnt sich, schließlich bietet das Nest mit den dicken Wänden allen Koloniebewohnern einen perfekten Schutz vor Hitze und Kälte. Davon profitieren aber nicht nur die Siedelweber selbst, sondern auch andere Lebewesen. Viele Tiere quartieren sich als Zwischen- oder Nachmieter in leer stehende Wohnkammern ein – zum Beispiel Bilchmäuse, Dickfingergeckos, Rosenköpfchen (eine Vogelart) und Zwergfalken. Sogar größere Säugetiere wie Antilopen sind Nutznießer der riesigen Nester, weil darunter kostbare Schattenplätze entstehen. Inzwischen ist sogar wissenschaftlich erwiesen, dass Siedelweber zu jenen tierischen Baumeistern gehören, die eine Schlüsselrolle für einen artenreichen Lebensraum spielen. Deshalb zählen die gefiederten Architekten auch zu den sogenannten Ökosystem-Ingenieuren in der Natur.

FLINKER WOHNUNGSWECHSEL

Sie springen wild in Baumkronen umher und sind wahre Kletterkünstler. Doch Europäische Eichhörnchen sind mehr als das – nämlich auch fleißige Architekten.

8

Eichhörnchen bauen sich bis zu acht Kobel, die sie abwechselnd bewohnen.

Putzig sind sie, aber nicht sonderlich schlau – so die weitläufige Meinung über die rotbraunen Nager mit buschigem Schwanz. Was ihr Erinnerungsvermögen angeht, haben Europäische Eichhörnchen (*Sciurus vulgaris*) nicht gerade den besten Ruf. Denn suchen die Waldbewohner im Winter nach Nüssen und Samen, die sie im Herbst als Vorrat verbuddelt haben, werden sie oft nicht mehr fündig. »Irgendwo dort – zwischen Baum und Gebüsch – müssen die Eicheln, Bucheckern und Haselnüsse doch sein?!?« Pustekuchen*. Und wieder drückt sich im Frühjahr ein zartes Grün durch den erdigen Boden. Dass Eichhörnchen ihre vergrabenen Schätze nicht alle wiederfinden, zahlt sich für die Pflanzenwelt (auch »Flora« genannt) aus. Denn dadurch tragen die charmanten Tierchen zur Aufforstung bei.

Doch nicht nur die Pflanzenwelt profitiert vom Eichhörnchen, sondern auch die Tierwelt (auch »Fauna« genannt). Die zahlreichen Nester, die der Nager baut und bewohnt, bieten früher oder später auch anderen Tieren ein Zuhause. Bei den sogenannten Kobeln handelt es sich um kugelige Bauten in Astgabeln von Bäumen, oben in etwa sechs Metern Höhe. Das Grundgerüst besteht aus Zweigen und Ästen, deren Zwischenräume sorgfältig mit Blättern ausgestopft sind. Innen kommt weicheres Material zum Einsatz: Moos, Gras, Rindenstückchen, Federn und was sich sonst in Wald und Garten auftreiben lässt. Zwischen drei und fünf Tage dauert es, bis dann ein Kobel endlich bezugsbereit ist. Der Außendurchmesser des Baus beträgt bis zu fünfzig Zentimetern, der Innendurchmesser liegt nur knapp bei der Hälfte. Die Nestwand bildet also eine dicke und nahezu wasserdichte Isolationsschicht. Sie sorgt in der kalten Jahreszeit für Behaglichkeit im Inneren, wo das Eichhörnchen seine Winterruhe hält. Zusätzlich nutzt der Nager seinen buschigen Schwanz, um sich darin gemütlich einzukuscheln. Der Schwanz kann allerdings noch mehr, als nur für Schlafkomfort und Wärme zu sorgen. Er hilft auch beim Klettern als Balancierhilfe und dient zur Kommunikation: Anhand der Schwanzstellung kann ein Eichhörnchen erkennen, wie es seinem Artgenossen geht.

Jeder Kobel hat mindestens zwei Eingänge, damit bei Gefahr aus mehreren Fluchtmöglichkeiten gewählt werden kann. Ein Zugang befindet sich immer auf der Unterseite, denn von dort aus wird üblicherweise hineingeschlüpft ins Nest. Bis zu acht Refugien bauen sich Eichhörnchen manchmal. Wobei zwischen verschiedenen Kobeln unterschieden wird: In den Wurfkobeln (Hauptkobeln) wächst der etwa fünfköpfige Nachwuchs auf. In den Schlafkobeln wird übernachtet, und in die Schattenkobel ziehen sich die Tiere tagsüber für Ruhepausen zurück. An heißen Sommertagen halten sie dort manchmal auch einen ausgiebigen Mittagsschlaf.

Die Eichhörnchen – sie können bis zu sieben Jahre alt werden – pendeln ständig zwischen ihren Nestern. Allerdings nicht aus reinem Vergnügen: Dadurch wird die Ausbreitung von Parasiten minimiert oder im besten Fall sogar verhindert. Gefahr droht den Kletterkünstlern aber nicht nur durch winzige ungebetene Gäste im Nest. Mittlerweile setzt ihnen vor allem ein durchsetzungsfähiger Konkurrent aus Amerika zu, das Grauhörnchen. Es breitet sich immer mehr aus und verdrängt die in Europa heimische Art. Das Grauhörnchen ist nämlich größer, anpassungsfähiger und hat außerdem weniger Fressfeinde. Erschwerend kommt hinzu, dass es Wirt eines bestimmten Virus* ist. Dagegen ist es selbst zwar immun*, nicht aber der europäische Nager.

Seinen Weg nach Europa fand das Grauhörnchen Ende des 19. Jahrhunderts, als es von Reisenden aus Nordamerika mitgebracht und in England ausgesetzt wurde. Dort ist es mittlerweile zu solch einer Plage geworden, dass es inzwischen gejagt wird – und als Delikatesse* auf der Speisekarte steht.

LEHMBAU MIT KNICK

Warum die Gemeine Schornsteinwespe »Schornsteine« baut?
Bis jetzt kann das niemand genau erklären.
Eines ist aber sicher: Die nach unten gebogenen Röhren sind
einzigartig unter den Lehmwespenbauten – und nicht für die
Ewigkeit gemacht.

20

Etwa zwanzig dicke grüne Rüsselkäferlarven muss eine Schornsteinwespe für ihren Nachwuchs herbeischleppen.

Ein kräftiger Regenschauer genügt, und schon brechen die kleinen Schornsteine ab. Viel halten die lustigen Dinger, die an Lehmwänden kleben und den Nesteingang einer Schornsteinwespe markieren, nicht aus. Da stellt sich natürlich die Frage: Was haben sie überhaupt für eine Funktion? Bislang ist das noch ein ungelöstes Rätsel. Die Gemeine Schornsteinwespe (Odynerus spinipes) ist jedenfalls eine von vielen Wespenarten, die sich darauf spezialisiert haben, ihre Nester mit Lehm zu bauen. Manche dieser Wespen töpfern ovale Kokons, die sie an Felsen und Mauern anbringen. Andere nutzen Stängel von Pflanzen, um drum herum eine Kugel zu formen, die sich im Wind einfach mitwiegen kann.

»Schornsteine« baut nur diese gleichnamige Wespe, die in Mitteleuropa beheimatet ist. Zu ihren bevorzugten Bauplätzen zählen Steilwände aus Lehm, wie man sie an Ufern von Baggerseen oder am Rand von Sandgruben findet. Ist dort die Lage sonnig und geschützt, ist das für die Wespenkolonie der perfekte Ort für ihre Nester. Im Gegensatz zur Gemeinen Wespe bildet die Schornsteinwespe nämlich keinen Staat, sondern lebt in einer Kolonie. Das bedeutet, dass sich jede Wespe ein eigenes Nest baut und darin für Nachwuchs sorgt.

Um ein solches Nest anzulegen, wird zunächst ein Teil der trockenen und harten Lehmwand befeuchtet und dadurch aufgeweicht. Das Wasser schafft die Wespe aus Pfützen, Seen oder anderen Gewässern herbei. So ist es bedeutend leichter, die bis zu acht Zentimeter lange und einen Zentimeter breite Niströhre zu graben, die in der Lehmwand schräg nach unten führt. Sie endet in einer länglichen Kammer, in der ein Ei an einem dünnen Faden von der Decke hängt. Insgesamt entstehen bis zu sieben solcher Brutzellen, die in abzweigenden Gängen angelegt sind. Der Lehm, der bei den Erdarbeiten anfällt und aus dem Bau geschafft werden muss, wird in Form kleiner Klümpchen ringförmig um den Eingang geklebt. So entsteht die charakteristische Eingangsröhre mit Knick.

Aber was ist das Geheimnis dieser Schornsteine, die wie kleine Rüssel aus der Lehmwand ragen? Eine mögliche Erklärung könnte sein, dass der röhrenförmige Vorbau einfach als Zwischenlager für den Aushub* dient. Denn am Ende wird der Eingang mit genau diesem Lehm wieder verschlossen, um den Nachwuchs vor Eindringlingen und Feinden zu schützen. Doch bis es so weit ist, muss für die Nachkommen zuerst noch ein ausreichender Nahrungsvorrat angelegt werden. Und das ist echte Schwerstarbeit: Die Wespe muss dafür etwa zwanzig Larven eines bestimmten Rüsselkäfers ins Nest transportieren. Dicke grüne Larven, die nur gelähmt und so als Lebendnahrung in die Brutkammern geschleppt werden.

Der Nestbau, die Eiablage, die Suche nach Rüsselkäferlarven und das Verschließen des Nesteingangs mit Lehm dauern etwa zwei Wochen. Die Entwicklung vom Ei bis zum ausgewachsenen Insekt dauert ebenfalls noch mal zwei Wochen. Vorausgesetzt, es geht alles gut, denn die Schornsteinwespe hat einen gewieften* Feind: die Goldwespe (Bild). Mit ihrem bunten Körper, der gleichzeitig pink, blau, grün und orange schimmert, ist sie ein ausgesprochen prachtvolles Insekt. Doch leider auch sehr gefürchtet: Die Goldwespe zählt zu den Kuckuckswespen, die in das Nest der Schornsteinwespe eindringen und dort ihre eigenen Eier ablegen. Gelingt ihnen das, hat das fatale Folgen für die Schornsteinwespe, denn deren Larven überleben das nicht.

LEICHTIGKEIT IN RUND

Die Eurasische Zwergmaus zählt zu den kleinsten Nagetieren der Welt. Und sie ist so leicht, dass sie ihr Kugelnest sogar auf Grashalme bauen kann.

5–10 g

Das Gewicht einer ausgewachsenen Eurasischen Zwergmaus entspricht gerade mal vier Gummibärchen.

Etwa fünf bis zehn Gramm bringt eine Eurasische Zwergmaus *(Micromys minutus)* auf die Waage. Das ist nur schwer vorstellbar. Vielleicht helfen ein paar Vergleiche: Fünf bis zehn Gramm entsprechen ungefähr dem Gewicht von drei Papiertaschentüchern ... oder von zwei größeren Schmetterlingen ... oder von vier Gummibärchen. Fünf bis zehn Gramm sind wirklich wenig. Und für ein Säugetier erst recht. Wobei es sogar noch leichter geht: Als leichtestes Säugetier der Welt gilt – neben der Hummelfledermaus – die Etruskerspitzmaus mit nur zwei Gramm Körpergewicht.

Doch zurück zur Eurasischen Zwergmaus: Sie ist nicht nur klein, sondern auch ganz schön auf Zack. Wie ein Akrobat tänzelt sie zwischen den hohen Halmen von Gräsern, Schilf oder Getreide hin und her. Und das derart flott, dass man das putzige Tierchen nur schwer zu Gesicht bekommt. Ob man sich auf Zwergmaus-Terrain* befindet, lässt sich jedoch eindeutig an den Nestern erkennen, die die Mini-Nager kunstvoll zwischen die Halme bauen. Im Gegensatz zu uns Menschen, die am liebsten in eckigen Gebäuden leben, bevorzugt die Eurasische Zwergmaus beim Wohnen eine andere Form. Rund muss ihr Zuhause sein, um nicht zu sagen: kugelrund! Und das ist eine tolle Sache, denn wo keine Ecken sind, ist es schließlich auch »rundum« bequem.

Gebaut werden die Nester meistens in einer Höhe zwischen 30 bis 130 Zentimetern über dem Boden. Als Tragwerk dienen kräftige Pflanzenstängel, die allerdings nur so dick sein dürfen, dass die Maus sie noch mit ihren gespreizten Zehen umfassen und daran hochklettern kann. Gräser, die zum Teil der Länge nach aufgespalten werden, dienen als Flechtmaterial und bilden die Hülle des Nests. Für das Innere der Kugel knabbert die eifrige Zwergmaus Blätter und andere Pflanzenteile ganz klein. So klein, dass daraus eine herrlich weiche Polsterung entsteht, die das Nest zu einer kuscheligen Kinderstube macht. Zwei bis acht Junge kommen hier zur Welt. Die Winzlinge sind dabei gerade mal so groß wie eine bis zwei Erbsen. Ist das nicht verrückt? Aber wen wundert das schon, schließlich bringt es selbst ein ausgewachsenes Tier gerade mal auf fünf bis sechs Zentimeter Länge (der Schwanz ist hier aber nicht mitgerechnet). Um die Jungen, die bereits nach 16 Tagen selbstständig sind und das Nest verlassen, kümmert sich das Weibchen allein. Mit etwa sechs Wochen ist dann der Nachwuchs schon geschlechtsreif und baut sich irgendwo sein eigenes Nest.

Die Zwergmaus ist aber nicht nur für ihr Bautalent bekannt, sondern auch für ihre Leichtfüßigkeit, mit der sie auf Gräsern und Halmen balanciert. Wie ein kleiner Seiltänzer bewegt sie sich durchs Dickicht. Geht es abwärts, dient der lange Greifschwanz als Sicherung, der um kleine Äste und Halme gewickelt wird. Droht hingegen Gefahr, verfällt die Zwergmaus in Starre oder sie lässt sich einfach zu Boden fallen. Dort nimmt sie dann in rasantem Tempo Reißaus.

Normalerweise ist die Eurasische Zwergmaus – sie lebt von Westeuropa bis Japan – nur selten am Boden von Feld und Wiese unterwegs. Viel lieber bewegt sie sich in etwas höheren Lagen, also dort, wo sie auch ihr schönes Kugelnest baut. Und wenn man sich diese zauberhafte Architektur so anschaut, stellt sich durchaus die Frage: Warum bauen wir Menschen nicht auch öfters rund?

EIN VERBLÜFFENDES MATERIAL

Die Netze der Seidenspinnen haben stattliche Dimensionen – und der goldschimmernde Faden, aus dem sie bestehen, ist ein Wunderwerk der Natur. Er wird sogar in der Chirurgie* eingesetzt.

70 m

Wird eine Seidenspinne für medizinische Zwecke »gemolken«, können innerhalb von 15 Minuten bis zu 70 Meter Spinnenseide gewonnen werden. Danach darf sich die Spinne erholen.

Die Seide der Seidenspinnen, die in tropischen und subtropischen Gebieten leben, hat fantastische Eigenschaften: Sie ist extrem dünn und leicht, aber auch enorm stabil und reißfest. Vergleicht man die Seide mit Stahl, ist sie im Verhältnis um ein Vielfaches belastbarer, gleichzeitig jedoch flexibel und dehnbar. Das Spinnennetz hält entsprechend viel aus. So viel, dass es selbst dann nicht ganz zerreißt, wenn sich ein Vogel darin verheddert und bei seinem Überlebenskampf wild mit den Flügeln schlägt. Eigentlich stehen Vögel nicht auf dem Speiseplan der Spinnen, gelegentlich sind sie aber Beifang im Netz. Hat die ungewollte Beute das Fadenwerk doch etwas beschädigt, wird sofort ausgerückt und alles repariert.

Überhaupt sind die Seidenspinnen ständig am Flicken und Ausbessern ihres Netzes, im Gegensatz zu anderen Spinnen, die jeden Tag ein neues bauen. Das Netz der Seidenspinnen (auch Goldene Radnetzspinnen genannt) bringt es auf einen Durchmesser von bis zu zwei Metern. Mit Stützfäden wird es zwischen die Bäume gespannt. Das fein gearbeitete Gebilde ist gleichzeitig Wohn- und Jagdrevier der Spinnen und besteht aus verschiedenen Fäden: Rahmenfäden, Speichenfäden (sie führen wie Fahrradspeichen von außen in die Mitte) und klebrigen Fangfäden. Das Herzstück des Netzes bildet die sogenannte Nabe, das ist die am dichtesten gewobene Stelle, wo alle Speichenfäden zusammenlaufen. Hier sitzt sie, die Spinne, und lauert auf ihre Beute. Die Größe der Tiere ist dabei beachtlich: Sechs Zentimeter lang kann der Körper eines Weibchens sein. Zusammen mit den Beinen ist das so groß wie die Handfläche eines erwachsenen Menschen. Die Männchen bleiben im Vergleich eher mickrig.

Vor einigen Jahren sorgte eine besondere Unterart der Seidenspinnen aus Madagaskar für Schlagzeilen: *Trichonephila inaurata madagascariensis* (Bild). Aus ihrem goldgelben Haltefaden – ihrem Rettungsanker, wenn sie fällt – wurde eines der wohl teuersten Kleidungsstücke der Welt gemacht: ein ärmelloser Umhang, der mit Blüten, Blättern und Spinnen bestickt ist. Es handelte sich dabei um das Projekt von zwei Künstlern. Der Aufwand, hierfür die Seidenfäden zu beschaffen, war gigantisch: Während herkömmliche Seide aus den Kokons* von Raupen des Seidenspinners (Schmetterling) gewonnen wird, mussten hier über eine Million Spinnen gemolken werden. Gemolken! Dazu wurden die Tiere für einige Minuten in eine ruhige Position gebracht, sodass der Seidenfaden, den sie im Hinterleib produzieren, auf eine Spule aufgewickelt werden konnte. Aus den Fäden wurde ein Stoff gewebt und daraus dann der kostbare Umhang genäht.

Spinnenseide ist ein echtes Wundermaterial das aufgrund seiner besonderen Eigenschaften (darauf können sogar menschliche Zellen wachsen!) mittlerweile in der modernen Medizin zum Einsatz kommt. Denn bereits unsere Vorfahren wussten: Spinnenseide kann dabei helfen, Wunden zu heilen. Ein Wissen, das fast in Vergessenheit geraten ist. Doch inzwischen beschäftigt sich die moderne Wissenschaft intensiv mit dem Thema. Und so werden Seidenspinnen unter anderem an einer Klinik in Deutschland gezüchtet und erforscht. Auch dort werden die Spinnen gemolken, um Seidenfäden zu gewinnen – was für die Tiere weder schmerzhaft noch tödlich ist. Die Fäden werden später bei Operationen eingesetzt um beispielsweise verletzte Nervenbahnen in Armen und Beinen zu reparieren. Es gibt sogar Hoffnung, dass damit eines Tages Querschnittslähmungen* heilbar sind. Ist diese Vorstellung nicht faszinierend?

ESSBARE VOGELNESTER

Weißnestsalanganen brüten in großen Kolonien in Höhlen Südostasiens. Die Nester der Vögel gelten in Asien als Delikatesse* – obwohl sie ausschließlich aus Spucke bestehen.

100 $

So viel kann eine Schale Vogelnestsuppe kosten.

Vor allem in China schwört man auf die schönheits- und gesundheitsfördernde Wirkung der Nester von Weißnestsalanganen (*Aerodramus fuciphagus*). Angeblich sollen sie schöne Haut machen und wie eine Verjüngungskur wirken, außerdem das Immunsystem stärken, die Verdauung fördern ... und, und, und. Seit Jahrhunderten werden die Nester deshalb in Asien gegessen, wobei sie gar nicht so lecker sind. Sie schmecken eigentlich relativ fade und bekommen erst Aroma durch das würzige Drumherum: eine Brühe, in der sich die Nester zu einer glibberigen Masse auflösen. Das Ganze wird traditionell als »Vogelnestsuppe«* serviert – eine exklusive Speise, für die man sehr viel Geld bezahlen muss.

Die teuersten Nester stammen unter anderem aus den Gomantong-Höhlen im malaysischen Teil von Borneo*. Das Höhlensystem im Dschungel ist weit verzweigt und wird von Hunderttausenden Weißnestsalanganen bewohnt. Wie Fledermäuse orientieren auch sie sich über Echoortung* in den Höhlen, wo sie hoch oben an den Felswänden brüten – gleich mehrmals im Jahr. Das Baumaterial für ihre Nester produzieren die Vögel in ihren Speicheldrüsen: eine helle und zähe Masse, die sie mit der Zunge an die Felsen kleben. Schicht für Schicht entsteht so aus den Speichelfäden ein nestförmiges Gebilde, das fast so aussieht, als hätte man es mit einem 3D-Drucker* erzeugt. An der Luft härtet die Speichelmasse aus und wird dadurch stabil. Die Bauzeit beträgt zwischen 35 und 55 Tage, dann ist der Nistplatz für den Nachwuchs fertig. Wird dieser flügge und verlässt das Nest, bekommt die nächste Geschwistergeneration ein neues gebaut.

Das »Ernten« der Höhlennester ist nichts für schwache Nerven. Nur wagemutige Sammler lassen sich über Einstiegslöcher in der Höhlendecke in die dunkle Steinwelt hinab. Dort balancieren sie dann (in bis zu siebzig Metern Höhe!) auf quer hängenden Leitern hin und her. Gesichert sind sie dabei lediglich mit dünnen Seilen, was das Nestersammeln zu einem lebensgefährlichen Trapezakt macht. Mit langen Bambusstäben, an denen vorne Metallspachtel sitzen, werden die Nester vorsichtig von den Felsen gekratzt. Sobald sich diese lösen, fangen die Sammler sie mit ihren Keschern* auf. Fällt ein Nest trotzdem in den Abgrund, ist das natürlich ein großer Verlust.

Die Nester in den Gomantong-Höhlen dürfen nur mit Genehmigung und zu bestimmten Zeiten gesammelt werden. Das »Ernten« wird hier strengstens kontrolliert. Um den riesigen Bedarf an Nestern zu stillen, reichen die natürlichen Vorkommen in solchen Höhlen längst nicht mehr aus. Für Nachschub sorgen mittlerweile spezielle Farmen, von denen es zum Beispiel in Kambodscha* massenweise gibt. Die bunkerähnlichen Gebäude mit kleinen Einfluglöchern für die Vögel dienen als künstliche Höhlen und Nistmöglichkeit. Mit lautem Gezwitscher, das aus Lautsprechern schallt, werden die Salanganen in die Betonbauten gelockt. Gebrütet wird nämlich dort am allerliebsten, wo schon viele Artgenossen sind.

Bevor die Nester irgendwann in einer Suppe landen, durchlaufen sie noch einen aufwendigen Reinigungsprozess. Auch hier steckt ein ganzer Wirtschaftszweig dahinter, der ebenfalls etwas abhaben will vom lukrativen Geschäft. So landen die Nester unter anderem in Thailand*, wo fleißige Arbeiterinnen und Arbeiter entfernen, was die Kundschaft später nicht mitessen will. Dafür werden die Nester eingeweicht und kleinste Federchen und Schmutzpartikel mit der Pinzette entfernt. Anschließend wird die Speichelmasse wieder ordentlich in Form gebracht und getrocknet, bis sie erneut hart wird und verkauft werden kann.

Ob die Nester der Salanganen einen Einfluss auf die Gesundheit und Schönheit haben, sei einmal dahingestellt. Aber eines ist sicher: Mit den Nestern der Salanganen wird ein riesiges Geschäft gemacht.

GEMÜTLICHES WINTERQUARTIER

Wenn im Herbst die Temperaturen fallen und es draußen kalt wird, heißt es für viele Tiere: Ab in die Winterpause! Auch Braunbären ziehen sich dann zurück an einen geschützten Ort.

Bis zu sechs Monate hält ein Europäischer Braunbär Winterruhe.

Nicht nur Braunbären tun es. Auch Murmeltiere, Eichhörnchen, Fledermäuse und Igel. Sie alle schalten einen Gang runter, wenn der Winter hereinbricht und sich die Vorratskammern in der Natur langsam leeren. Dann ziehen sie sich zur Winterruhe oder zum Winterschlaf zurück und warten ab, bis der Frühling wieder Einzug hält. Um währenddessen Kälte und Nahrungsmangel unbeschadet zu überstehen, hat jedes Tier seine eigene Wohnstrategie für den Winter entwickelt: Die einen buddeln sich in die Tiefe und verschanzen sich im erdigen Untergrund. Die anderen bauen Nester auf Bäumen, gut isoliert mit Blattwerk und Moos. Und wieder andere nutzen – ohne viel Zutun – vorhandene Strukturen wie Felsspalten, verlassene Baumhöhlen oder Dachböden.

Der Europäische Braunbär (Ursus arctos arctos) ist flexibel, er macht's mal so und mal so: Entdeckt er zum Beispiel einen Felsvorsprung oder gar eine Höhle, wo er gut geschützt ist, nutzt er die Gelegenheit und zieht einfach ein. Allerdings scheut er auch keine Mühe, wenn es darauf ankommt. Findet er kein bezugsfertiges Plätzchen, legt er sich als Baumeister einfach selbst ins Zeug. Ideale Bedingungen findet er zum Beispiel an steilen Hängen, in die er sich eine Nische oder Höhle hineingraben kann. Nach unten buddelt er nach Möglichkeit aber nicht – eine Sicherheitsmaßnahme gegen Überschwemmung, denn Wasser in der Wohnung will schließlich auch kein Bär. Ist die Hanglage auch unter statischem Gesichtspunkt akzeptabel – Wurzelwerk beispielsweise kann vor Einsturz bewahren –, ist der optimale Bauplatz gefunden. Dann beginnt der Aushub* mit den kräftigen Vordertatzen, an denen acht Zentimeter lange Krallen sitzen. Damit gräbt sich Meister Petz* bis zu drei, vier Meter tief ins Erdreich hinein.

Der Zugang zum Schlafplatz, der häufig zur Sonne nach Südosten hin orientiert ist, wird dabei von der Körpergröße bestimmt. In der Regel gilt dabei das Minimalprinzip und der Bau ist nur so groß, dass der Bär hineinpasst. Bis zu sechs Monate verbringt ein Braunbär in seinem Winterquartier. Abhängig ist das jeweils von der Wetterlage, dem Nahrungsangebot und seiner inneren Uhr. Normalerweise beginnt die Winterruhe Mitte November und dauert bis März. Während der Schlafphasen werden Atmung und Herzschlagfrequenz heruntergefahren und die Körpertemperatur um einige Grad Celsius gesenkt. Das hilft dabei, den Energieverbrauch zu reduzieren. Völlig heruntergefahren werden die Körperfunktionen bei »Winterruhern« allerdings nicht – neben dem Braunbären sind das auch Dachs, Waschbär, Eichhörnchen und Biber. Ganz anders sieht es bei richtigen »Winterschläfern« wie Murmeltier, Feldhamster, Siebenschläfer, Fledermaus und Igel aus. Bei ihnen läuft alles auf extremer Sparflamme, was sie dementsprechend bewegungsunfähig und wehrlos macht.

Um die lebensnotwendigen Körperfunktionen aufrechtzuerhalten, zehrt der Bär ausschließlich von seinen Fettreserven, die er sich über das Jahr angefuttert hat. Zwischendurch wird nichts gefressen. Noch nicht einmal von den Weibchen, die im Januar ein bis zwei Junge bekommen und durch das Säugen zusätzliche Energie benötigen. Welche Faktoren am Ende darüber entscheiden, wann und ob sich ein Braunbär zur Winterruhe zurückzieht, lässt sich nicht allgemein sagen. Bei jedem Bären ist das individuell. Neben dem Jahresrhythmus und der inneren Uhr des Bären spielen auch die Außentemperatur und das Nahrungsangebot eine wichtige Rolle. Und so lässt sich auch erklären, warum Tiere in Gefangenschaft meist keine Winterruhe halten – warum auch, wenn sie dort einen warmen Rückzugsort und stets genügend zu fressen haben?

Mittlerweile gibt es allerdings immer mehr Tierparks, die Wildtiere in ihrem natürlichen Verhalten zeigen wollen und ihnen ihre Winterruhe gönnen. Auch wenn das bedeutet, dass der Braunbär monatelang von der Bildfläche verschwindet und für die Besucher nicht zu sehen ist.

TINY HOUSE* MIT DÜSENANTRIEB

Wie ein U-Boot navigiert das Perlboot durch die tropischen Meere. Wobei es aber nicht um ein Schiff geht, sondern um ein urzeitliches Tier! An Bord des Perlboots gibt es viel zu entdecken: raffinierte Technik, kostbare Materialien – und sogar die Schönheit der Mathematik.

1,618

Die Zahl bildet die Grundlage der sogenannten Fibonacci-Spirale, eines Wachstumsmusters in der Natur. Danach ist auch das Gehäuse des Perlboots aufgebaut.

Schon seit vielen Millionen Jahren schippert das Gemeine Perlboot *(Nautilus pompilius)* durch die Ozeane. Immer im Schlepptau: das eigene Haus. Im Grunde entspricht die Minimalbehausung des Perlboots einem modernen Tiny House – es ist platzsparend gebaut und trotzdem mit allem ausgestattet, was es so braucht. In diesem Fall sogar mit einem integrierten Düsenantrieb, der das spiralförmige und gestreifte Heim in Bewegung bringt. Um das Triebwerk zu starten, presst das Perlboot mit hohem Druck Wasser aus einer Trichteröffnung, die am Hauseingang unter den Fangarmen (Tentakeln) sitzt. Dadurch entsteht ein Düsenstrahl, durch den sich das Tier rückwärts und in gemächlichem Tempo durch die Tiefen manövriert. Meist zwischen 150 und 300 Metern unter der Meeresoberfläche, gelegentlich sogar noch tiefer. Ab einer Tiefe von etwa 600 Metern ist aber meistens Schluss, denn dann hält die Schale dem enormen Wasserdruck nicht mehr Stand und wird zerdrückt.

Seine Schwimmhöhe reguliert das Perlboot durch ein raffiniertes System in seinem Gehäuse. Dieses besteht aus mehreren Kammern, die nacheinander entstehen, bis das Tier ausgewachsen ist. Bei einem Jungtier sind es erst vier Kammern, später sind es bis zu dreißig und mehr. Gewohnt wird dabei immer in der neuesten Kammer. Sie ist jeweils so groß, dass sich das Weichtier zum Schutz komplett dorthin zurückziehen und sie mit einer Kappe verschließen kann. Die alten und unbewohnten Kammern sind mit Zwischenwänden voneinander getrennt und jeweils mit einem Gemisch aus Gas und Wasser gefüllt. Über einen schlauchartigen Körperfortsatz, der mittig durch alle Kammern geht, reguliert das Perlboot das Verhältnis von Gas und Wasser – und taucht dadurch entweder auf oder ab.

Besonders spannend ist, dass die einzelnen Kammern im Gehäuse nach einem strengen mathematischen Prinzip aufgebaut sind. Denn jede neue Kammer ist ziemlich genau 1,618-mal größer als die vorherige. Damit folgt der Bauplan dem Prinzip der sogenannten Fibonacci-Reihe, benannt nach dem italienischen Mathematiker Leonardo Fibonacci (ca. 1170–1240). Diese Reihe bildet eine Zahlenfolge, bei der die Summe von zwei aufeinanderfolgenden Zahlen die nächste ergibt: 0, 1, 1, 2, 3, 5, 8, 13, 21 … Daraus lässt sich wiederum die geometrische Fibonacci-Spirale ableiten, eine Art Wachstumsmuster, nach dem viele Strukturen in der Natur aufgebaut sind. Nicht nur das Gehäuse des Perlboots, sondern zum Beispiel auch die spiralförmige Anordnung der Samen von Sonnenblumen oder Kiefernzapfen. (Übrigens spielt auch in der Architektur und Kunst die Zahl 1,618 eine wichtige Rolle, denn darauf basiert der Goldene Schnitt*.)

Das Tiny House – im Durchmesser ist es bis etwa 25 Zentimeter groß – hat neben der mathematisch aufgebauten Spiralform und den speziellen Antriebstechniken noch eine weitere Besonderheit zu bieten: prächtig schimmernde Innenwände, die aus kostbarem Perlmutt bestehen. Und das weckte schon vor Jahrhunderten in Europa großes Interesse. Entsprechend wurde das Perlboot – auch Nautilus (Altgriechisch für Seefahrer) genannt – zum Objekt der Begierde. Vor allem in der Renaissance* und im Barock* wurden aus den Schalen sogenannte Nautiluspokale, also prunkvolle Gefäße, gemacht. Sie waren mit aufwendigen Dekorationen in Silber und Gold geschmückt und zierten die Tafeln reicher Leute. Heute sind die historischen Objekte in Museumsvitrinen ausgestellt.

Mittlerweile werden Perlboote, die am liebsten an Korallenhängen leben, leider in Massen aus dem Meer gefischt. Die Schalen werden dann als beliebtes Touristensouvenir verkauft. So kann man nur hoffen, dass die lebenden Fossilien den Menschen überleben, um auch die nächsten Millionen Jahre weiter zu existieren.

DEPOT* FÜR LECKERBISSEN

Die Vorratskammern der Eichelspechte sind Meisterwerke der Bau(m)kunst. Sie werden gut bewacht, um sie vor hungrigen Dieben zu schützen.

1000+

Mehr als tausend Eicheln können in einem einzigen Vorratsbaum stecken.

Schaut gerade jemand ... oder ist die Luft rein? Wenn sich ein freches Erdhörnchen über den Nahrungsvorrat einer Gruppe Eichelspechte hermacht, ist Vorsicht geboten. Wird der Dieb entdeckt, gibt es kein Pardon! Mit ihren spitzen Schnäbeln und scharfen Krallen verteidigen die Spechte, was ihnen besonders gut schmeckt: Eicheln, die ovalen Früchte von Eichen. Manchmal stecken zur Vorratshaltung Tausende solcher Eicheln im Stamm eines geeigneten Baums, wo sie jeweils sorgsam in ein Loch gehämmert wurden. Wagt es ein Erdhörnchen, ein paar Eicheln zu klauen, riskiert es dabei, heftig attackiert zu werden. Verletzungen bleiben da nicht aus. Doch ist ein Futterdieb erst einmal auf den Geschmack gekommen, schreckt ihn das meistens trotzdem nicht ab. Die Verlockung ist einfach zu groß, sich am üppigen Buffet zu bedienen und die Backentaschen vollzustopfen. Bleibt der Raubzug unbemerkt, hat das Erdhörnchen Glück. Wird es allerdings erwischt, heißt es dringend: Nichts wie weg!

Eichelspechte *(Melanerpes formicivorus)* sind vor allem im Westen von Nord- und Mittelamerika verbreitet. Zum Beispiel am Rand des Grand Canyon, einer riesigen Schlucht in den USA. Dort beeindrucken die Vögel mit ihrem außergewöhnlichen Geschick: Für jede einzelne Eichel hacken sie in den Baumstamm ein passendes Loch. Dieses Loch ist dabei exakt so bemessen, dass das Futter darin festklemmt und nicht herausfallen kann. Manchmal stecken dort übrigens auch andere Leckereien wie Nüsse – und gelegentlich sogar Käfer! Doch das kommt eher selten vor. Wenn sich unzählige Löcher auf einem Baum verteilen, sieht das Ganze fast aus wie ein gepunktetes Kleid. Das Wachstum des Baums beeinträchtigt das allerdings nicht. Die Löcher sind nur so tief, dass sie das Kambium – die Wachstumsschicht zwischen Rinde und Holz – nicht verletzen. Vorausgesetzt, die Rinde des Baums ist dick genug. Aber danach werden die Bäume sorgfältig ausgesucht.

Ist ein Baum mit besonders vielen Löchern und Eicheln übersät, ist das meist die Arbeit von vielen Jahren und mehreren Generationen. Gemeinsam leben die Vögel in sozialen Gruppen, und das können jeweils bis zu 15 Tiere sein. Den Mittelpunkt ihres Reviers bilden dabei die Vorratskammern, aber auch Brut- und Schlafhöhlen, die sich allerdings oft auf anderen Bäumen befinden. Neben einem Hauptspeicher gibt es mehrere Nebenspeicher, also kleinere Vorratsbäume, die die Spechtgruppe ebenfalls entschlossen verteidigt. Dabei gehen die Eichelspechte nicht zimperlich vor, denn schließlich garantieren die Futterreserven, dass eine Vogelsippe stets genug zu fressen hat.

Nur selten lassen Eichelspechte ihre kostbaren Speisekammern unbewacht. Das passiert vor allem dann, wenn es zwischen Artgenossen unterschiedlicher Spechtgruppen zu Machtkämpfen um einen freien Platz in einem Territorium* kommt. Sogar Spechte, die sich selbst gar nicht am Kampf beteiligen, fliegen zum Ort des Geschehens. Als Schaulustige beobachten sie das Spektakel, das Stunden und Tage dauern kann. Und zwar so lange, bis klar ist, wie es um die neuen Machtverhältnisse steht und wer künftig in einem Territorium brüten darf. Währenddessen lassen sie ihre Vorratsspeicher unbewacht – und die Erdhörnchen haben leichtes Spiel, sich an ihren Eicheln zu bedienen.

WEGWEISENDER PLATTENBAU*

Die Nester der Kompasstermiten in Nordaustralien sind einzigartig unter den Termitenbauten. Ihr schmaler Grundriss weist immer in dieselbe Himmelsrichtung.

N-S

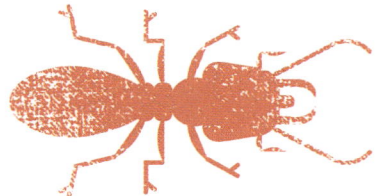

Die Nester der Kompasstermiten sind immer von Norden nach Süden ausgerichtet.

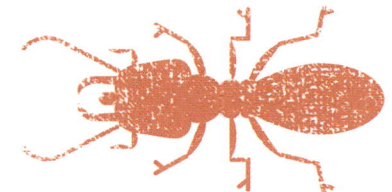

Wie Grabsteine sehen sie aus, nur etwas größer. Bis zu vier Meter hoch und drei Meter lang können die Nester der nordaustralischen Kompasstermiten *(Amitermes meridionalis)* werden. Im Vergleich zu anderen Termitenhügeln ist das aber noch nicht rekordverdächtig. Afrikanische Verwandte bringen es mit ihren »Kathedralen« (die Nester erinnern an Türme großer Kirchen) sogar bis auf acht Meter Höhe. Was die Bauten der Kompasstermiten jedoch einzigartig macht, ist ihre Form. Im Verhältnis zu ihrer Höhe und Länge sind sie ziemlich schmal und wirken deshalb wie senkrecht aufgestellte Platten. Diese Architektur unterscheidet sie somit deutlich von den eher kegelförmigen Bauten anderer Termitenarten. Und noch etwas ist besonders an den Nestern der Kompasstermiten: Sie weisen immer genau nach Norden beziehungsweise Süden.

Woran sich die Winzlinge beim Ausrichten ihres Baus orientieren, wissen die Insektenforscher noch nicht. Sie glauben jedoch, dass die Kompasstermiten zur Orientierung das Erdmagnetfeld* nutzen. Fragt sich nur: Warum bauen sie so? Hat die Himmelsrichtung vielleicht mit der Regulierung der Temperatur im Nestinneren zu tun? Vermutlich schon. Denn wenn mittags die Sonne steil vom australischen Himmel brennt, trifft sie nur auf die schmale Südseite des Baus und heizt diesen nicht so stark auf. Wäre der Termitenhügel um 90 Grad gedreht, würden im Inneren nicht um die 33 Grad Celsius, sondern rund 40 Grad Celsius herrschen. Das fanden Forscher bei einem Experiment heraus.

Im Gegensatz zu anderen Termitenbauten, die mit einem ausgeklügelten Belüftungssystem (einer Art Klimaanlage) ausgestattet sind, verfügt die Architektur der Kompasstermiten über keine aufwendige Technik zur Temperaturregelung. Hier ist es nur die Ausrichtung des Nests, die dafür sorgt, dass die Termitenkolonie mittags nicht ins Schwitzen kommt. Ist es hingegen in den Morgen- und Abendstunden kühl, dann wärmt die Sonne den Bau auf, da sie auf die großflächige Ost- und Westseite scheint. So müssen die Termiten nicht frieren.

Der plattenförmige Bau, der aus Erde und dem Speichel der Insekten besteht, hat aufgrund seiner Form aber noch einen anderen entscheidenden Vorteil für die Kompasstermiten: Ihr Lebensraum, niedrig gelegene Graslandschaften im Norden Australiens, werden in der Regenzeit regelmäßig überflutet. Deshalb ist es wichtig, dass die Bauten schnell trocknen können, da sie sonst an Stabilität verlieren. Außerdem würde bei lang andauernder Feuchtigkeit auch das Gras verschimmeln, das in der Trockenzeit gesammelt und als Heuvorrat in Kammern eingelagert wird. Die Bauform der Nester scheint darauf ausgelegt zu sein, Feuchtigkeitsschäden zu verhindern – und bewährt sich schon seit einer Ewigkeit. Es soll Termitenhügel geben, die tatsächlich mehrere Hundert Jahre alt sind.

Besonders eindrucksvoll wirken die Bauten in großen Gruppen, wenn sie (natürlich alle parallel zueinander) zu Hunderten in der weiten Graslandschaft stehen. Bei dem Anblick kann man wirklich nur staunen: Was für großartige Baumeister diese Winzlinge doch sind!

KOSTBARER ROHSTOFF

Die Eislandschaft der Antarktis ist karg. Selbst Steine sind dort nicht einfach zu finden. Das hat die weiblichen Adéliepinguine erfinderisch gemacht: Mangelt es an Material für den Nestbau, bieten sie für Steinchen ganz besondere Dienste an.

−25 °C

An den Küsten der Antarktis ist es im Winter durchschnittlich rund −25 Grad kalt. Im Landesinneren kann es sogar bis −70 Grad und kälter werden.

Eisig kalt ist es am Südpol. Nur wenige Tiere halten diese extremen Temperaturen aus. Die hartgesottenen Adéliepinguine (*Pygoscelis adeliae*) gehören dazu. Sie tragen – wie es sich für Pinguine gehört – einen schwarzen Frack mit weißem Hemd. Aber im Vergleich zu anderen Pinguinarten wie beispielsweise dem stattlichen Kaiserpinguin oder dem zierlichen Goldschopfpinguin kommen sie insgesamt deutlich schlichter daher – ohne gelbe Akzente bei der Kleidung und ohne goldene Federdekoration auf der Stirn. Lediglich einen dünnen weißen Ring tragen sie um die Augen.

Im Winter leben Adéliepinguine auf Eisschollen im Meer. Im antarktischen Frühling (Oktober) hingegen kommen sie an die Küstenstrände, um auf eisfreiem Grund zu brüten und ihren Nachwuchs großzuziehen. Das tun sie dann in riesigen Kolonien, zu denen gut und gern Zehntausende Tiere gehören. Und hier liegt auch das Problem: Bei so vielen Nestern braucht es entsprechend viel Baumaterial.

Die Nester bestehen lediglich aus kleinen Steinen, die zu einem Haufen aufgeschichtet sind. In der Mitte wird eine Mulde für zwei Eier gebildet, aus denen nach etwa 37 Tagen der Nachwuchs schlüpft. Um die Eier und Küken vor Nässe und Schlamm zu schützen, bilden die Steine eine überlebenswichtige Drainage*. Und diese gilt es, in Schuss zu halten und zu verteidigen, wenn es drauf ankommt. Was in der Kolonie allerdings einer Sisyphusarbeit* gleicht: Kaum sind die Pinguineltern kurz abgelenkt und passen nicht auf, schon wird wieder kostbares Baumaterial geklaut. Nicht selten von den eigenen Nachbarn! Überhaupt wird in der Kolonie ständig geräubert und stibitzt. Während die Pinguinherren regelrecht auf Diebestour gehen, verfolgen die Damen allerdings eine andere Taktik: Sie nutzen ihren weiblichen Charme* und schauen sich gezielt nach einem Strohwitwer* um. Ist dessen Partnerin gerade im Meer unterwegs und jagt kleine Fische und Krill*, wird die Gelegenheit von der Pinguindame schamlos genutzt. Dann macht sie dem Männchen schöne Augen und watschelt verführerisch um ihn herum. Manchmal reicht das schon aus und er überlässt ihr bereitwillig ein bisschen Baumaterial. Angeblich hat es ein ehrgeiziges Weibchen auf diese Weise schon geschafft, über 60 Steine einzukassieren. Das scheint aber eher ein Einzelfall zu sein. Meistens braucht es als Gegenleistung für den Rohstoff etwas mehr körperlichen Einsatz, kurz gesagt: einen Liebesakt.

Danach kehrt das Pinguinweibchen zum eigenen Nest zurück. Im unauffälligen Watschelschritt, als wäre nichts gewesen. Und wenn sie Glück hat, sieht ihr eigener Bau so aus wie zuvor. Es kann aber auch sein, dass plötzlich etliche Steine fehlen, weil sich ein Artgenosse im Baustress hemmungslos bedient hat. Sollte tatsächlich Baumaterial fehlen, werden die Steine sofort durch die neuen ersetzt, für die Frau Pinguin gerade eben noch ihren Charme spielen ließ. Es ist also ein ständiges Hin und Her mit dem kostbaren Rohstoff, für den früher oder später jeder Pinguin bereit ist, alles zu tun. Und was lernen wir daraus? Auch Pinguine haben es faustdick hinter den Ohren – selbst wenn man diese bei ihnen nicht sieht.

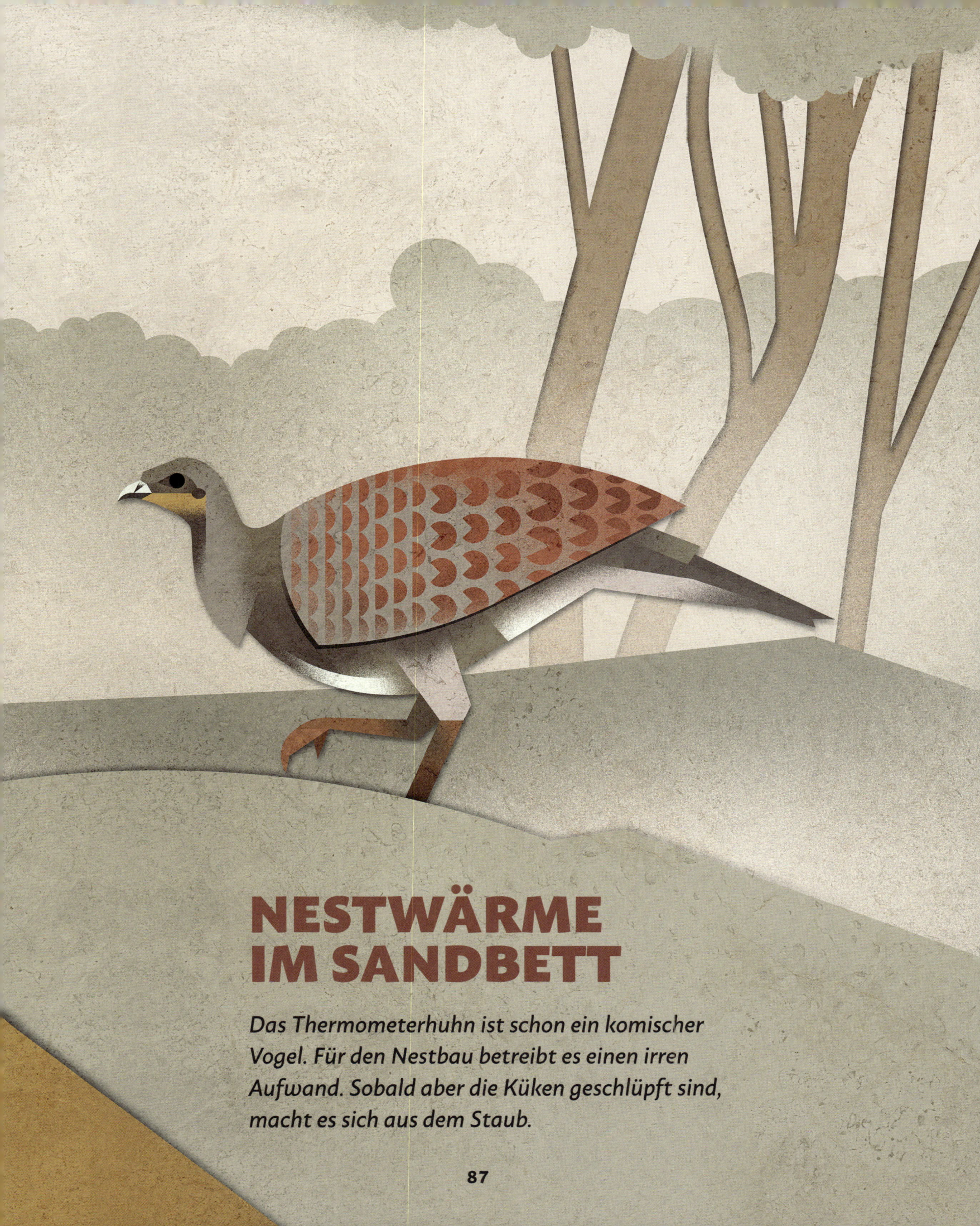

NESTWÄRME IM SANDBETT

Das Thermometerhuhn ist schon ein komischer Vogel. Für den Nestbau betreibt es einen irren Aufwand. Sobald aber die Küken geschlüpft sind, macht es sich aus dem Staub.

33 °C

Das ist die optimale Temperatur im Inneren eines Bruthügels, damit sich die Eier des Thermometerhuhns gut entwickeln.

Kaum ausgebrütet, sind sie auf sich allein gestellt. Die Küken des Thermometerhuhns (Leipoa ocellata) sind sofort überlebensfähig. Haben sie sich erst einmal aus ihrem Nest gekämpft – und das ist gar nicht so einfach! –, stehen die Kleinen auch schon mitten im Leben. Nach einer Stunde können sie laufen und nach einem Tag sogar fliegen, da ihnen ihr braungraues Federkleid schon im Ei gewachsen ist. Damit sind sie bestens getarnt in ihrem Habitat*, den Eukalyptus-Buschgebieten in Südaustralien.

Doch warum ist es für die Küken so mühsam, überhaupt aus dem Nest zu kommen? Das liegt daran, dass es sich bei dem Bau um kein gewöhnliches Vogelnest handelt, sondern um einen sogenannten Bruthügel. Sprich, die Tiere schlüpfen unterirdisch und müssen sich erst nach oben ans Tageslicht graben. Und das ist eine anstrengende Angelegenheit: 15 Stunden kann es manchmal dauern, bis der Nachwuchs die etwa fünfzig Zentimeter dicke Sand- und Laubschicht durchdrungen hat.

Mit einer Höhe von bis zu 1,50 Metern und einem Durchmesser von bis zu 4,50 Metern ist so ein Bruthügel schon von außen ein eindrucksvoller Bau. Aber vor allem sind es die »inneren« Werte, die ihn so besonders machen. Er ist nämlich so aufgebaut, dass dort eine konstante Temperatur von 33 Grad gehalten werden kann – was optimal ist für die Entwicklung der Eier. Das Ganze funktioniert so, dass die Wärme mithilfe von Verrottungsprozessen* und der Sonneneinstrahlung erzeugt wird.

Der Bau des Bruthügels ist Männersache: Wenn es in Australien Winter ist, fängt der Hahn an, im Boden ein stattliches Loch zu graben – etwa drei Meter breit und einen Meter tief. Dorthinein kommen Blätter, Zweige, Rinde und sonstiges Pflanzenmaterial. Dann wird gewartet, bis es regnet. Was allerdings etwas dauern kann, weil der Regen in diesem Gebiet nur spärlich fällt. Ist das Laub schön feucht geworden, wird das Ganze mit Sand bedeckt. Mit sehr viel Sand sogar. Unermüdlich wird gescharrt gemacht und getan, bis nach etwa vier Monaten ein großer Hügel aufgetürmt ist. Im Inneren konnte sich inzwischen das Laub durch die Feuchtigkeit zersetzen und dadurch Wärme entstehen.

Im Frühjahr legt die Henne dann im Lauf von mehreren Wochen insgesamt bis zu dreißig Eier im Bruthügel ab. Hierfür gräbt der tatkräftige Baumeister jeweils entsprechende Löcher in den Haufen. Anschließend werden diese sofort wieder mit Laub und Sand bedeckt. Und auch jetzt heißt es für das Männchen: schuften, schuften, schuften. Denn nun gilt es, die optimale Bruttemperatur von 33 Grad im Nest zu halten und sie ständig zu kontrollieren. Rund um die Uhr! Dafür nutzt der Thermometerhahn ein spezielles Sinnesorgan an seinem Schnabel, mit dem er Temperaturunterschiede von nur 0,5 Grad wahrnehmen kann. Er stochert also immer wieder in seinem Hügel herum, um sofort reagieren zu können, wenn die Wunschtemperatur nicht mehr stimmt.

Je nachdem, ob die Temperatur über oder unter dem optimalen Wärmepunkt liegt, werden bauliche Maßnahmen ergriffen: Bei drohender Überhitzung durch die Sonne wird beispielsweise zusätzlicher Sand aufs Nest geschichtet, was für eine bessere Dämmung sorgt. Wird es hingegen im Inneren durch die Verrottungsprozesse zu warm, werden kleine Löcher in die Sanddecke gegraben, durch die die Hitze entweichen kann. Und ist es wiederum draußen eher kühl, trägt der Hahn tagsüber Sand ab, damit die Sonne das Nest noch besser wärmt.

Der Nestbau und die Regulierung der Temperatur sind ein aufwendiger und kräftezehrender Prozess. Aufopfernd kümmern sich die Hähne darum, dass es den Eiern gut geht. Und danach? Müssen sie sich erstmal von der Anstrengung erholen – die Küken kommen ja ohne sie aus.

WELTKARTE

Westen von Nord- und
Mittelamerika bis Kolumbien
(u. a. Grand Canyon in den USA)
Eichelspecht
Seite 74

Europa
Biber
Seite 22

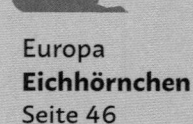

Europa
Eichhörnchen
Seite 46

Tropische Regionen
in Strandnähe
(u. a. in Costa Rica)
Landeinsiedlerkrebs
Seite 26

Südamerika
(u. a. Brasilien)
Blattschneiderameise
Seite 6

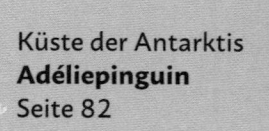

Küste der Antarktis
Adéliepinguin
Seite 82

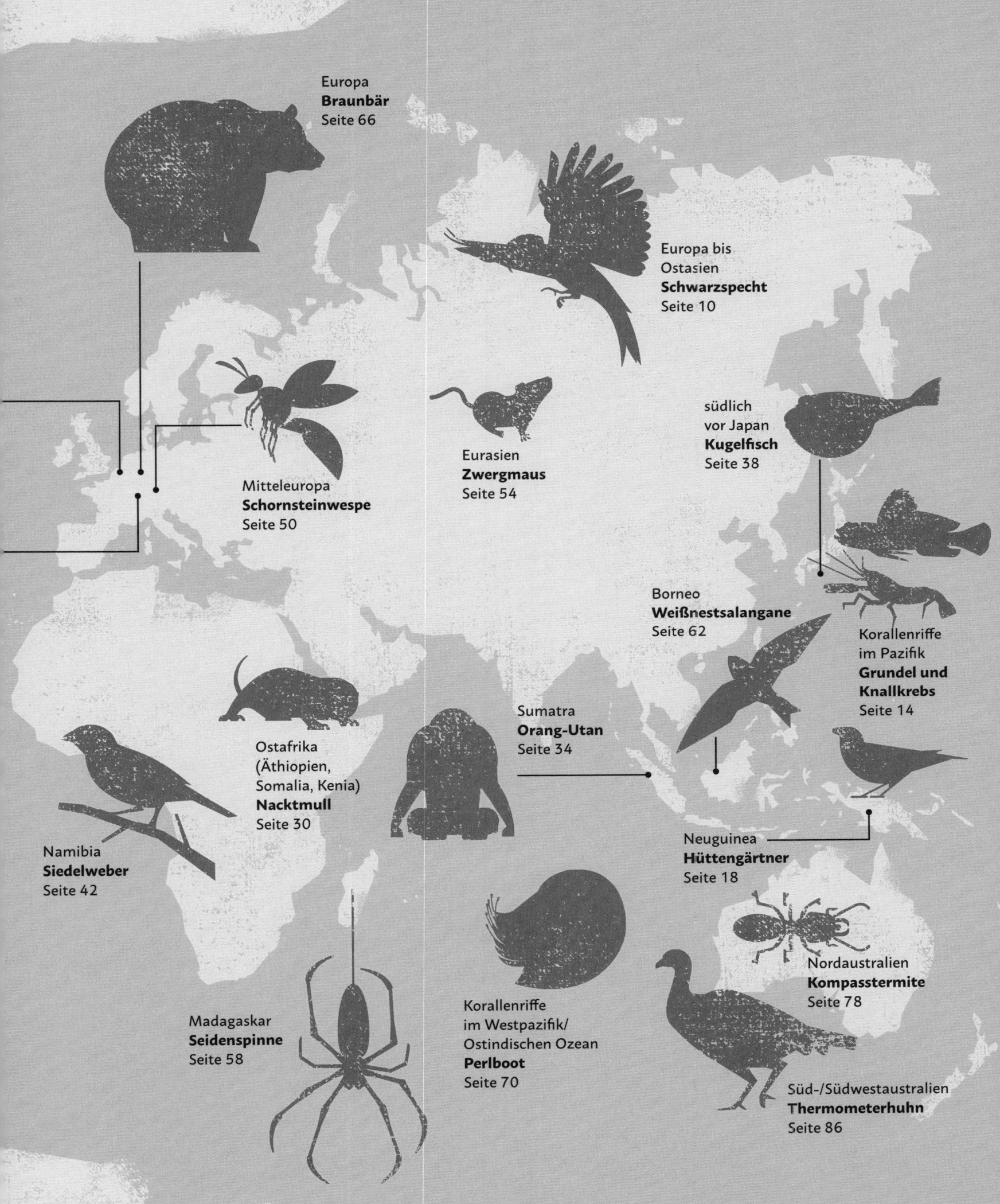

GLOSSAR

3D-Drucker: Gerät, mit dem ein Material Schicht für Schicht aufgetragen wird, bis ein dreidimensionales Objekt entstanden ist.

Allroundgenie: Alleskönner
Ambiente: Atmosphäre, Eindruck eines Raumes oder einer Umgebung
Apartment: kleine Wohnung
Auenlandschaft: Landschaft entlang eines Bachs oder Flusses, die regelmäßig überflutet wird.
Aushub: Erde, die bei Bauarbeiten ausgegraben wird.

Barock: europäische Stilepoche, 17. bis 18. Jahrhundert
Biodiversität: Artenvielfalt
Biotop: bestimmter Lebensraum, z. B. Fluss, Feuchtwiese, Wald
Borneo: Insel in Südostasien, die zwischen drei Staaten aufgeteilt ist: Indonesien, Malaysia und Brunei.

Charme: Anziehungskraft durch positive Ausstrahlung und Attraktivität.
Chirurgie: Fachbereich in der Medizin, in dem Operationen durchgeführt werden.
Chitinpanzer: harte Hülle, die den Körper von Krebstieren, Insekten und Spinnen schützt.

Delikatesse: Köstlichkeit; etwas besonders Feines zu essen
Depot: Aufbewahrungsort
Dezibel: Maßeinheit, in der die Lautstärke angegeben wird (Abkürzung: dB)
Domizil: Wohnort, Zuhause
Drainage: Entwässerungssystem, um etwas vor Nässe zu schützen, weil das Wasser gut abfließen kann.

Echoortung: Methode von Tieren zur Orientierung in der Dunkelheit. Dabei werden Schallwellen ausgesendet, die an Objekten abprallen und ein Echo zurückwerfen. Dieses Echo liefert Informationen über Gegenstände und Räume.
Eisenoxid: eisenhaltige Substanz; Rost
Erdmagnetfeld: magnetische Kräfte, die die Erde wie einen Magneten umgeben. Viele Tiere – darunter Zugvögel, Fische und Insekten – können dieses Magnetfeld wahrnehmen. Es dient als eine Art Landkarte und hilft ihnen bei der Orientierung.

Geometrie: ein Bereich der Mathematik, der sich mit zwei- und dreidimensionalen Formen befasst.
gewieft: listig, clever
Glamour: glanzvoller Auftritt

Goldener Schnitt: ein Gestaltungsprinzip, mit dem Längen und Flächen (z. B. von Gebäudefassaden oder Gemälden) im Verhältnis 1 : 1,618 aufgeteilt werden. Das Proportionsverhältnis, das sich daraus ergibt, nimmt der Mensch als besonders harmonisch wahr.

Habitat: Lebensraum, in dem ein Tier (oder eine Pflanze) lebt.

immun: vor einer Krankheit geschützt sein
implodieren: in sich zusammenstürzen; Gegenteil von explodieren
Ingenieur: plant und konstruiert Bauten (z. B. Häuser, Brücken, Tunnel) und Maschinen.

Kambodscha: Land in Südostasien
Kescher: ein Fanggerät mit längerem Griff und Netz. Damit können z. B. Fische aus dem Wasser gehoben werden.
Kohlendioxid: Treibhausgas, das auch CO_2 genannt wird.
Kokon: ein Gespinst aus Fäden, in das sich z. B. Schmetterlingsraupen zur Verpuppung einspinnen.
Kontur: Umriss
Krill: kleine Krebstierchen im Meer, die große Schwärme bilden. Sie sind Nahrungsgrundlage für viele Tiere, z. B. Wale, Pinguine, Fische.

Latrine: Toilette

Mandala: runde geometrische Form, die in den Religionen Buddhismus und Hinduismus eine Rolle spielt. »Mandala« bedeutet Kreis.
Matriarchat: Gesellschaftsform, in der die Frau das Oberhaupt ist.
Matriarchin: weibliches Oberhaupt
Meister Petz: So wird der Bär oft in Märchen und Fabeln genannt.

Neuguinea: Insel nördlich von Australien

Phosphat: Substanz, die im Wasser zu Algenbildung führt und dadurch den Sauerstoffgehalt reduziert. Bei zu wenig Sauerstoff im Wasser sterben Fische und andere Lebewesen.
Plattenbau: Umgangssprachlich werden damit große Wohnblöcke aus Beton (meist aus den 1960er- und 1970er-Jahren) bezeichnet.
Pustekuchen: Hat dieselbe Bedeutung wie »Von wegen!«. Bringt zum Ausdruck, dass man sich getäuscht hat.

Querschnittslähmung: Sie entsteht, wenn Nervenbahnen im Rückenmark verletzt werden.

Refugium: Rückzugsort, Unterschlupf
Renaissance: europäische Stilepoche, 14. bis 16. Jahrhundert

Sisyphusarbeit: mühsame Arbeit, die nie fertig wird. Benannt nach Sisyphus, einer männlichen Figur in der griechischen Mythologie.
Statik: (auch Baustatik) Lehre von der Sicherheit von Tragwerken.
Strohwitwer: ein Ehemann, dessen Frau vorübergehend nicht da ist.
Strömungsgeschwindigkeit: Fließgeschwindigkeit (z. B. von Meerwasser)
Sumatra: Insel in Südostasien, die zu Indonesien gehört.
Superorganismus: Gemeinschaft aus vielen Individuen einer Tierart. Jedes Tier hat eine bestimmte Aufgabe zu erfüllen, weshalb die Tiere nur zusammen in der Gemeinschaft überleben können.
Symbiose: Gemeinschaft verschiedener Tier- oder Pflanzenarten, die sich gegenseitig nützlich sind.

Terrain: Lebensbereich, Wohnbereich
Territorium: Gebiet, in dem Tiere Nahrung suchen, sich paaren und ihre Jungen aufziehen.
Thailand: Land in Südostasien
Tiny House: kleines Haus, das nur wenig Platz beansprucht.

Veganer: Lebewesen, das sich ausschließlich pflanzlich ernährt.
Verrottungsprozess: Vorgang, bei dem sich pflanzliches Material zersetzt und daraus Kompost entsteht. Dabei wird Wärme freigesetzt.
Virus: Krankheitserreger
Vogelnestsuppe: Häufig wird die Suppe fälschlicherweise auch als »Schwalbennestsuppe« bezeichnet. Salanganen, von denen die Nester stammen, gehören aber nicht zur Familie der Schwalben, sondern zur Familie der Segler.

WG: Abkürzung für Wohngemeinschaft

Zement: pulverförmiges Baumaterial, das mit Wasser gemischt wird und dann aushärtet.

Danksagung

Für die spannenden Gespräche und die fachkundige Unterstützung möchte ich mich bei folgenden Expertinnen und Experten sowie Wissenschaftlerinnen und Wissenschaftlern bedanken:

Dr. Martin Bratteler (Biologe; Zoo Zürich)
Simon Bruslund (Ornithologe; Vogelpark Marlow; Zoo Kopenhagen)
Prof. Dr. Thomas B. Hildebrandt (Tiermediziner; Leibniz-Institut für Zoo- und Wildtierforschung, Berlin)
Prof. Dr. Bert Hölldobler (Verhaltensforscher; Biozentrum Universität Würzburg, em.)
Dr. Susanne Holtze (Tierärztin; Leibniz-Institut für Zoo- und Wildtierforschung, Berlin)
Dr. Niklas Kästner (Verhaltensbiologe; Wissenschaftsmagazin Ethologisch)
Isabel Koch (Kuratorin Zoologie; Wilhelma – Zoologisch-Botanischer Garten Stuttgart)
Prof. Dr. Judith Korb (Biologin; Albert-Ludwigs-Universität Freiburg)
Christina Liebsch (MTA; Spider Silk Laboratory, Medizinische Hochschule Hannover)
Dirk Loddenkemper (Biowissenschaftler; Zoo Zürich)
Dr. Pascal Marty (Wildtierbiologe; Natur- und Tierpark Goldau)
Prof. Dr. Flavio Roces (Verhaltensbiologe; Biozentrum Universität Würzburg)
Dr. Sarah Strauß (Biologin; Spider Silk Laboratory, Medizinische Hochschule Hannover)
Elena Theys (Meeresaquarianerin; Seepferdchen und Meer)
Dr. Dominique Zimmermann (Entomologin; Naturhistorisches Museum Wien)
Dr. Tobias Zimmermann (Verhaltensbiologe; Wissenschaftsmagazin Ethologisch)
… und bei allen anderen, die mir mit Rat und Tat zur Seite standen.

Mein persönlicher Dank gilt:

Dieter (für seine tierisch tollen Illustrationen)
Theresa, Laura und Adriane (fürs geduldige An-einem-Strang-Ziehen)
Micha (für seine Gelassenheit in heißen Phasen)
Verena (für ihre gnadenlose Ehrlichkeit)
Cosima und ihrem achtjährigen Sohn Waldo, meinem wichtigsten Kritiker
(fürs Probelesen und das unbestechliche Feedback)

Besonderer Dank

Mein ganz besonderer Dank gilt dem Schweizer Etzel-Verlag – allen voran Kirsten Höttermann, Chefredakteurin des Magazins »Raum und Wohnen«. Im Rahmen einer Kolumne konnte ich dort über die faszinierenden Wohnwelten von Tieren berichten. Basierend auf jenen Texten (illustriert von Dieter Braun), ist dieses Kindersachbuch entstanden.

Ebenfalls bei Knesebeck erschienen:

ISBN 978-3-95728-130-2

ISBN 978-3-95728-481-5

ISBN 978-3-86873-734-9

ISBN 978-3-86873-822-3

ISBN 978-3-95728-482-2

Deutsche Originalausgabe
Copyright © von dem Knesebeck GmbH & Co. Verlag KG, München
Ein Unternehmen der Média-Participations

Text Copyright © 2023 Susanne Lieber
Illustration Copyright © 2023 Dieter Braun
Gestaltung: Dieter Braun, Hamburg
Umschlaggestaltung: Dieter Braun, Hamburg
Projektleitung: Theresa Scholz, Knesebeck Verlag
Satz: Adriane Krakowski, Hamburg
Herstellung: Arnold & Domnick, Leipzig
Druck: Neografia, a.s.
Printed in Slovakia

ISBN 978-3-95728-758-8

Alle Rechte vorbehalten, auch auszugsweise.

www.knesebeck-verlag.de